POUR LE DROIT DE VOTE DES FEMMES

Édition originale en anglais :
The collected works of John Stuart Mill, publiées sous la direction de John M. Robson et Bruce L. Kinzer, Londres et Toronto, Routledge & Kegan Paul-University of Toronto Press, 33 vol., 1963-1991. Intégralement mises en ligne à l'adresse <http://oll.libertyfund.org/titles/165>.

. The admission of women to the electoral franchise (*The collected works of John Stuart Mill*, vol. XXVIII : *Public and parliamentary speeches*. Part I, 55).
. Women's suffrage 1, 2, 3 (*ibid.*, vol. XXIX : *Public and parliamentary speeches*. Part II, 144, 146, 150).

ISBN 979-10-90062-43-6
Éditions iXe – 28, bd. du Nord – 77520 Donnemarie-Dontilly
https://editions-ixe.fr

John Stuart Mill

POUR LE DROIT DE VOTE DES FEMMES

Discours traduits de l'anglais, présentés et annotés par
Benoît Basse

Éditions iXe

La règle de proximité

Les Éditions iXe invitent leurs autrices et leurs auteurs à appliquer la règle dite de proximité, de voisinage ou de contiguïté, qui accorde en genre, et en nombre, l'adjectif, le participe passé et le verbe avec le nom qui les précède ou les suit immédiatement. Couramment appliquée jusqu'au XVIe siècle, elle fut attaquée au début du XVIIe par Malherbe, et dans une moindre mesure par Vaugelas, en raison de la plus grande « noblesse » reconnue au genre masculin. Un siècle plus tard, Beauzée revenait à la charge avec cet argument explicite : « Le genre masculin est réputé plus noble que le féminin, à cause de la supériorité du mâle sur la femelle. »

Au lieu d'ancrer ainsi la domination dans la langue, la règle de proximité amène à écrire : « Les hommes et les femmes sont belles », « Toutes sortaient les couteaux et les dagues qu'elles avaient affûtées », « Joyeuses, des clameurs et des cris montaient de la foule », ou, comme Racine dans Iphigénie, *« Mais le fer, le bandeau, la flamme est toute prête. »*

Présentation

Benoît Basse

Peut-être a-t-on du mal à s'imaginer aujourd'hui à quel point les femmes anglaises du XIXe siècle étaient encore infériorisées et soumises à la domination masculine, tant au sein de la famille que dans la société. Sous le règne de la reine Victoria, personnellement hostile à toute évolution sur ce plan, on assiste même à un renforcement du rôle strictement domestique des femmes. Totalement exclues de la sphère publique, privées de l'instruction qui leur aurait permis de viser les mêmes emplois et les mêmes carrières politiques que les hommes, elles sont alors vouées à consacrer leur vie aux seules fonctions d'épouse et de mère. À cet égard, le plus grand paradoxe, très bien relevé par Harriet Taylor, compagne puis épouse de Mill, consiste à recourir à la loi pour leur interdire de faire ce dont elles sont, dit-on, « naturellement » incapables. « Il n'est jamais venu à l'esprit d'un législateur qu'il était nécessaire de légiférer pour forcer les gens à obéir à leurs penchants naturels » , écrit-elle (2014 : 164), soulignant ainsi qu'en vérité, l'invocation de la « nature » dissimule mal sa fonction idéologique : maintenir inchangé un ordre social inégalitaire, non pas naturel et nécessaire, mais historique et contingent.

La formation d'associations de femmes, d'abord aux États-Unis, puis en Angleterre, marque un véritable tournant historique. Au tout début de son *Affranchissement des femmes*, Harriet Taylor évoque cette « agitation naissante » et note qu'il s'agit d'un mouvement « non seulement *pour* les femmes, mais *par* les femmes » (*ibid.* : 139). Au printemps 1850, dans l'État de l'Ohio se tient en effet la toute première Convention des femmes où l'on dénonce l'hypocrisie des hommes qui se battent alors pour l'indépendance de l'Amérique vis-à-vis de la Grande-Bretagne. En effet, tandis qu'ils prétendent se soustraire à l'autorité des lois britanniques, arguant que le roi George III leur refuse toute représentativité au Parlement, les premières militantes féministes soulignent qu'elles non plus ne bénéficient d'aucune représentation et que l'état de sujétion dans lequel les maintiennent les hommes est aussi scandaleux que celui que le gouvernement britannique impose aux colons. Toujours aux États-Unis, commence alors à se tenir chaque année une Convention nationale des Droits des femmes. Dans la continuité de la lutte contre l'esclavage, les femmes et les hommes qui y participent font valoir pour l'essentiel que la condition des femmes est absolument contraire à l'esprit de la Déclaration d'indépendance, qui tient pour « évidentes par elles-mêmes » les vérités suivantes : « Tous les hommes sont créés égaux ; ils sont doués par le Créateur de certains droits inaliénables ; parmi ces droits se trouvent la vie, la liberté et la recherche du bonheur. » Or, soutiennent les féministes, ici le terme « hommes » (*men*) ne désigne pas l'un des deux sexes, mais tous les êtres humains. Comme le dit encore Harriet Taylor, il est temps de combattre « l'aristocratie du sexe » au même titre que « l'aristocratie de la couleur » (*ibid.* : 142).

En Angleterre également, des femmes commencent à se réunir pour réclamer le droit de vote, parce qu'elles paient des taxes et des impôts comme les hommes, obéissent aux mêmes lois qu'eux et qu'il serait juste, par conséquent, que comme l'autre moitié des gouvernés elles aient leur mot à dire dans le choix des gouvernants. Connues alors sous le terme de « suffragistes », elles défendent leur cause en usant de moyens strictement pacifiques et constitutionnels. Elles tiennent des réunions publiques, lancent des pétitions, souvent à un niveau local, surtout dans les centres urbains. Les figures de proue au niveau national se nomment Millicent Fawcett et Lydia Becker. Ce qui caractérise cette première vague du combat féministe britannique, c'est la conviction de pouvoir atteindre ses objectifs par des voies légales, en particulier grâce à des techniques de lobbying auprès des parlementaires. Quant au terme de « suffragettes », ce fut d'abord une insulte pour moquer les « suffragistes », leurs prétentions et leur comportement « trop peu féminin ». Il sera repris au début du XXe siècle par les militantes de la Women's Social and Political Union, fondée en 1903 à l'initiative d'Emmeline Pankhurst. Prenant acte de l'inefficacité du combat strictement constitutionnel de leurs aînées, les suffragettes iront jusqu'à l'affrontement avec le pouvoir politique en menant des actions spectaculaires et durement réprimées.

À en croire son *Autobiographie*, les convictions féministes de Mill seraient bien antérieures à sa rencontre avec Harriett Taylor. Intellectuelle de très haut niveau et autrice elle-même d'écrits féministes, elle lui permit de prendre pleinement conscience de *l'ampleur* de l'asservissement des femmes dans ses dimensions les plus concrètes. Très tôt, Mill se sentit en désaccord avec son père, le philosophe James Mill, qui dans son essai *On government* soutenait que les femmes n'avaient pas besoin du droit de vote, puisque leurs intérêts propres se confondaient avec ceux de leurs pères et de leurs maris (Mill, 1993 : 106).

Les discours de John Stuart Mill que nous publions ici témoignent de l'engagement *militant* du philosophe au service de la cause féministe. Sollicité pour se présenter aux élections législatives de 1865, il pose comme condition que la question du droit de vote des femmes soit mise à l'ordre du jour de la prochaine session parlementaire. Par ailleurs, nous savons grâce à sa correspondance que Mill a soigneusement choisi son moment pour mettre en avant ce sujet, de façon à être réellement *pris au sérieux*. En effet le risque était grand de ne susciter que rires et quolibets, tant la perspective que les femmes puissent voter paraissait grotesque aux hommes de son temps. Les caricatures dont Mill fut la cible dans certains journaux en sont d'ailleurs la preuve. Une fois élu à la Chambre des Communes, il se fit le relais des revendications féministes auprès de ses collègues, en commençant par leur présenter une pétition en faveur du suffrage féminin ayant récolté mille cinq cent vingt et une signatures sous l'impulsion de la féministe Barbara Bodichon. L'initiative eut un écho dans plusieurs journaux et valut à Mill le surnom de « *The ladies' man* ». L'année suivante, le 20 mai 1867, il prononça son fameux discours parlementaire réclamant, pour la toute première fois en Grande-Bretagne, l'extension du droit de vote aux femmes. Sa proposition fut rejetée, mais Mill avait néanmoins quelques raisons d'être satisfait : un nombre non négligeable de députés l'avaient suivi et, à n'en pas douter, ce discours résolument rationnel et argumenté permit dans une large mesure de gagner une première étape cruciale, en faisant du suffrage féminin un sujet digne d'être pris en considération.

Comme en témoignent les trois autres discours contenus dans ce recueil, et traduits pour la première fois en français, Mill poursuivit son activité militante au-delà de son mandat parlementaire, mettant son prestige intellectuel au service d'associations féministes. Inlassablement, il pourfend les arguments de ses adversaires conservateurs : le préjugé de la coutume, la prétendue incapacité des femmes à exercer d'autres fonctions que domestiques, leur manque d'intérêt présumé pour les affaires publiques, ou l'idée selon laquelle elles exerceraient déjà un pouvoir indirect suffisant sur les hommes de leur entourage. Mill dénonce déjà avec force le sophisme consistant à présenter comme naturelles toutes les différences observables entre les deux sexes, qui, en vérité, ne sont que le produit de l'histoire et de la domination masculine. À cet égard, on s'est beaucoup interrogé ces dernières décennies sur le caractère plus ou moins « radical » du féminisme de Mill. Il est vrai que son féminisme peut paraître ambigu, alternant entre une critique audacieuse des rôles traditionnels dévolus à chaque sexe et des propos plus timorés, cédant même parfois – plus qu'on ne l'aurait souhaité – au conservatisme de son temps. Ainsi lui arrive-t-il, pour les besoins de l'argumentation, d'admettre l'existence d'une sphère domestique plus naturellement réservée aux femmes. Mais il faut, une fois encore, insister sur ce qu'impliquait de prudence, d'habileté et de sens du compromis l'entrée des femmes dans une arène politique exclusivement masculine (Thomson, 1987). D'où l'intérêt, selon nous, de prendre en compte les trois discours qu'il prononça entre 1869 et 1871, devant un auditoire de féministes convaincues. Dans ce contexte, on le voit déployer sa pensée sans retenue et fustiger « les pédantes inepties à propos de la sphère féminine » (*infra*, p. 63). Non seulement la « nature » n'est pas normative à ses yeux, mais elle n'est pour rien dans la répartition des rôles entre hommes et femmes : « lorsque les gens confient sur un ton chagrin leur crainte de voir les desseins de la nature contrariés si la loi ne vient pas à leur secours, il est sûr que ce dont ils s'inquiètent n'est pas la nature mais la loi affublée en nature » (*infra*, p. 117).

Convaincu que les sociétés modernes obéissent à une dynamique de progrès moral, Mill croit sincèrement que la victoire est inéluctable. Il aurait probablement été consterné d'apprendre que son pays attendrait un demi-siècle pour admettre, en 1918, une partie des femmes dans le corps électoral, et leur accorder enfin le droit de vote à toutes en 1928, plus de soixante ans après son discours historique au Parlement.

Discours parlementaire en faveur du droit de vote des femmes[1]

Monsieur[2],

Je m'exprime ici en vue de proposer une extension du droit de vote qui, au sein de cette Chambre, ne devrait contrarier aucun parti, aucun sentiment de classe ; qui ne devrait pas offusquer ceux qui, en toute bonne foi, voient dans la propriété ou le nombre d'individus concernés une condition de ce droit. Une extension qui ne saurait perturber si peu que ce soit ce dont nous entendons beaucoup

---

1. John Stuart Mill présenta ce discours le 20 mai 1867 à la Chambre des Communes, dans le cadre de l'examen parlementaire du *Reform Act* (réforme électorale) qui visait à élargir la base électorale à une partie de la classe ouvrière. Une loi antérieure, le *Reform Act* de 1832, avait accordé le droit de vote à la bourgeoisie commerçante. Toutes les notes sont du traducteur.
2. Mill s'adresse au *Speaker* qui préside la Chambre des Communes.

parler depuis quelque temps, à savoir l'équilibre des pouvoirs politiques; qui n'est pas non plus de nature à inquiéter les alarmistes les plus modérés avec le spectre de la terreur révolutionnaire, ni à offenser les démocrates les plus zélés en restreignant les droits du peuple (*Bravo! Bravo!*), qui n'accorde pas de privilège à une classe de la société au détriment d'une autre. Ainsi, rien ne pourra détourner notre attention de la question toute simple de savoir s'il est véritablement justifié de continuer à refuser à la moitié de la société, non seulement le droit de vote, mais aussi la possibilité d'être un jour admise dans le territoire couvert par la Constitution, alors qu'elle remplit probablement toutes les conditions légales et constitutionnelles jugées suffisantes dans l'ensemble des autres cas. Monsieur, dans le cadre de notre Constitution, il s'agit là d'une situation unique. Il n'existe aucun autre exemple d'exclusion si absolue. Si la loi refusait le droit de vote à quiconque perçoit moins de cinq mille livres par an, même l'homme le plus pauvre du pays pourrait avoir le droit de vote, et donc l'exercer de temps à autre; en revanche, ni la naissance, ni la fortune, ni le mérite, ni les efforts déployés, ni l'intelligence, ni même ce grand maître des affaires humaines qu'est le hasard, ne sauraient permettre à une femme de voir sa voix prise en compte dans ces affaires nationales qui les concernent, elle et ses proches, au même titre que n'importe quelle autre personne dans ce pays. (*Bravo! Bravo!*)

Maintenant, Monsieur, permettez-moi de citer, avant de poursuivre, des éléments de preuve à charge. Il n'est pas juste d'établir sans raison valable des distinctions dans l'attribution des droits et des privilèges. Loin de moi l'idée que le droit de vote, ou toute autre activité publique, serait un droit abstrait, de telle sorte que le retirer à qui que ce soit – pour des motifs suffisamment opportuns – reviendrait à léser cette personne; ce serait mal comprendre le principe que je soutiens que de faire cette confusion; l'opportunité est au cœur de la discussion que j'engage. Mais il existe différents ordres d'opportunité, et tous ne sont pas sur le même plan; l'un d'entre eux, important, s'appelle justice; et même si la justice ne requiert pas nécessairement de confier des fonctions politiques à tout un chacun, elle exige de ne pas refuser à l'un ce qui est accordé à l'autre, sans raison et par pur caprice. Comme l'a dit très justement mon éminent collègue du Sud Lancashire (dans le discours le plus mal compris et le plus dénaturé dont je me souvienne): pour avoir un bon motif de refuser le droit de vote à quelqu'un, il faut pouvoir alléguer soit d'une inaptitude particulière, soit d'un danger public. Or, est-il possible d'alléguer de l'une ou de l'autre dans le cas présent ? Peut-on prétendre que les femmes qui gèrent un domaine ou une entreprise – qui paient des impôts et des taxes souvent considérables, et généralement sur leurs propres revenus, qui sont pour beaucoup d'entre elles des chefs de famille responsables, et pour certaines capables, de par leurs compétences d'institutrices, d'enseigner bien plus de choses que n'en savent maints électeurs masculins –, peut-on prétendre que ces femmes sont inaptes à exercer une fonction dont tout homme propriétaire est jugé capable ? (*Bravo ! Bravo !*) Ou a-t-on peur, si le droit de vote leur était reconnu, qu'elles révolutionnent l'État, qu'elles nous privent de l'une quelconque de nos grandes institutions, que nos lois dégénèrent ou que nous soyons d'une façon ou d'une autre moins bien gouvernés en conséquence des suffrages qu'elles auraient exprimés ? Personne, Monsieur, ne croit des choses pareilles.

Exclure les femmes de toute participation, si minime soit-elle, à la représentation politique au seul motif qu'elles sont femmes, ce n'est pas seulement enfreindre les principes généraux de justice ou les mettre sous le boisseau ; une telle exclusion répugne aussi aux principes mêmes de la Constitution britannique. Elle viole l'une de nos plus anciennes maximes constitutionnelles, l'une de celles qui nous sont le plus chères – une doctrine défendue par les réformateurs et admise théoriquement par la plupart des conservateurs –, à savoir que l'imposition fiscale et la représentation politique sont coextensives. Ces femmes ne paient-elles pas d'impôts ? Toute femme juridiquement responsable d'elle-même[1] ne contribue-t-elle pas aux recettes fiscales exactement autant qu'un homme qualifié pour voter ? Si la notion d'intérêt national a du sens, alors un bien détenu en propriété ou loué présente le même intérêt, qu'il appartienne à un homme ou à une femme ou que son locataire en titre soit un homme ou une femme. L'histoire de notre droit constitutionnel prouve d'ailleurs que par le passé, à des périodes certes fort éloignées, les femmes votaient dans les comtés et dans quelques communes.

Cependant, notre Assemblée escompte sans aucun doute que je n'appuie pas uniquement mon plaidoyer sur les grands principes de la justice ou de la Constitution,

1. Mill utilise ici la locution latine *sui juris*, qui désignait, dans la société romaine, le statut des personnes autonomes ou des hommes possédant les droits du *pater familias*. Elle signifie également, en droit anglais, « de son propre droit ».

mais présente aussi des arguments pratiques, ainsi qu'on les appelle. Or, il en existe un de poids qui, je le confesse franchement, est nul et non avenu s'agissant des femmes : elles ne tiennent pas de grandes réunions dans les jardins publics, elles ne manifestent pas à Islington[1]. (*Oh!*) Je n'entreprendrai pas ici de trancher si et dans quelle mesure cela peut disqualifier leur requête ; mais bien d'autres arguments pratiques – pratiques au sens le plus strict du terme – ne sont ni nuls ni non avenus ; et je suis prêt à vous les exposer si l'on m'autorise une question préalable : quelles sont les objections pratiques ? En la matière, ce n'est pas une objection pratique qui arrête la plupart des gens, mais simplement une sensation, une impression d'étrangeté : la proposition est tellement nouvelle, pensent-ils – en quoi ils se trompent car elle est en vérité très ancienne. Eh bien, Monsieur, avec le temps l'étrangeté s'estompe ; des choses que nombre d'entre nous

1. Un quartier du nord de Londres qui, à l'époque de Mill, était un lieu de rassemblements et de manifestations.

trouvaient étranges il y a trois mois ne le sont plus du tout à présent. Et bien des choses qui semblent étranges aujourd'hui ne le seront plus d'ici quelques années, voire d'ici quelques mois. Quant à la nouveauté, le monde dans lequel nous vivons regorge de nouveautés ; le despotisme de la coutume est sur le déclin. Il ne nous suffit plus de savoir ce qu'est une chose, nous nous demandons en outre si elle a lieu d'être. Et je veux croire qu'à tout le moins au sein de cette Assemblée, la coutume peut être assignée devant une haute cour, une cour dont *la raison est juge*. De plus, en la matière les raisons que la coutume a pour habitude de se donner sont fort succinctes. C'est au vrai l'une des difficultés auxquelles je me heurte : il n'est pas aisé de réfuter une interjection ; et pourtant les seuls arguments que l'on entend habituellement à ce sujet sont des interjections. Quant aux autres, ils se présentent surtout sous la forme d'aphorismes, par exemple : *la politique n'est pas l'affaire des femmes, elle les détournerait de leurs devoirs ; les femmes ne désirent pas le droit de vote, elles préfèrent s'en passer; les femmes sont suffisamment représentées du fait que les hommes de leur entourage le sont; les femmes ont déjà suffisamment de pouvoir.* (*Rires.*) Si je réponds à tout cela, vous estimerez probablement que j'en aurai assez fait, et au-delà; et cela incitera peut-être un honorable parlementaire à prendre la peine de me répondre et à produire un discours plus abscons.

La politique, dit-on, n'est pas l'affaire des femmes. Eh bien, Monsieur, selon moi la politique n'est pas non plus l'affaire des hommes; sauf pour la poignée d'entre eux choisis et payés pour consacrer leur temps à la chose publique, ou membres de l'une ou l'autre Chambre. Dans leur grande majorité, les électeurs masculins ont chacun des affaires qui absorbent pratiquement tout leur temps; mais je n'ai jamais entendu dire que les quelques heures qu'ils passent, à des intervalles de plusieurs années, dans un bureau de vote – quand bien même on y ajouterait le temps consacré à la lecture des journaux et des traités politiques – les amènent à négliger leurs magasins ou leurs bureaux. Autant que je sache, ceux qui ont le droit de vote ne sont pas moins bons commerçants, moins bons avocats, moins bons médecins, ou pires ecclésiastiques que les autres. On en viendrait presque à supposer que la Constitution britannique prive du droit de vote quiconque est dans l'impossibilité de consacrer l'essentiel de son temps à la politique ; si tel était le cas, nos électeurs seraient fort peu nombreux. Mais si je peux me permettre une question : quel est le sens de la *liberté politique* ? Est-ce autre chose que le contrôle de ceux qui font leur affaire de la politique par ceux qui leur délèguent cette fonction ? N'est-ce pas l'essence même de la liberté constitutionnelle que des hommes sortent de leurs ateliers et de leurs forges pour décider, en connaissance de cause, s'ils sont ou non bien gouvernés et par qui ils le seront ? Les nations qui prisent le plus ce privilège et l'appliquent le mieux sont invariablement celles qui excellent dans les affaires de la vie courante. Les occupations ordinaires de la plupart des femmes sont principalement d'ordre domestique, et il est probable qu'elles le resteront; mais l'idée selon laquelle ces occupations sont incompatibles avec un authentique intérêt pour les affaires nationales et les grandes causes de l'humanité est tout aussi futile que l'inquiétude, nourrie jadis en toute sincérité, de voir les artisans déserter leurs ateliers et leurs usines s'ils apprenaient à lire. Je sais qu'un sentiment obscur – trop honteux pour s'exprimer ouvertement – suggère que les femmes n'ont pas à se soucier de leurs droits, que leur unique préoccupation doit être de servir un homme de la façon la plus utile et la plus dévouée. Mais puisque je suis convaincu qu'il n'est dans cette Assemblée aucun député que sa conscience blâme d'entretenir un sentiment aussi mesquin, je peux affirmer sans offenser personne que cette volonté de confisquer l'existence entière d'une moitié de l'espèce à l'avantage présumé de l'autre moitié, me paraît, indépendamment de son caractère injuste, particulièrement absurde. Car parmi ceux qui possèdent une expérience ordinaire des affaires humaines et la capacité ordinaire d'en tirer les leçons, qui irait imaginer que pour accomplir au mieux son travail il faut tout ignorer du reste ? Un homme n'a pas vécu pour grand-chose s'il n'a pas appris que, sans culture générale de l'esprit, il est impossible d'effectuer au mieux un travail requérant de l'intelligence. Il faut de l'intelligence pour se servir de l'expérience pratique ; et même sans expérience pratique, l'intelligence l'emporte sur une accumulation d'expérience pratique privée d'intelligence. Peut-être pense-t-on que les occupations ordinaires des femmes nuisent plus que celles des hommes à leur compréhension des affaires publiques. Peut-être estime-t-on que les premières responsables de l'éducation morale des futures générations masculines ne sont pas capables de se forger une opinion sur les intérêts moraux et éducatifs d'un peuple ; et que celles dont la tâche principale consiste jour après jour à dépenser judicieusement l'argent, de façon à obtenir les meilleurs résultats possibles avec le minimum de ressources, ne sauraient donner de leçons aux honorables messieurs siégeant d'un côté ou de l'autre de cette Assemblée, qui s'évertuent pourtant à produire des résultats singulièrement insignifiants à l'aide de moyens vraiment considérables. (*Acclamations ironiques.*)

Là-dessus je suis relativement confiant, Monsieur, ce qui ne serait pas le cas si le changement politique que je défends, et qui n'est en soi ni gigantesque ni formidable, ne procédait pas, comme presque tous les changements politiques bénéfiques et salutaires, d'une évolution sociale antérieure. L'idée qu'il faut séparer de manière implacable et rigide les occupations féminines des occupations masculines – empêcher les femmes de s'intéresser à ce qui intéresse les hommes – appartient à une phase sociale révolue et de plus en plus lointaine. Nous parlons de révolutions politiques, mais nous ne prêtons pas suffisamment attention à la discrète révolution domestique qui se déroule ici même : pour la première fois dans l'histoire, les femmes et les hommes vivent véritablement en compagnonnage. Nos conceptions traditionnelles quant aux relations qu'ils doivent entretenir sont l'héritage d'un temps où ils vivaient séparément – où ils vivaient séparément en pensée, car ils vivaient aussi séparément leurs distractions et leurs occupations sérieuses. Jadis, un homme passait sa vie en compagnie masculine : ses amis, ses proches les plus intimes étaient des hommes. Sur les sujets d'importance, il ne consultait que des hommes ; son épouse était un jouet ou une servante mieux considérée que les autres. Tout cela a changé dans les classes éduquées. Les hommes ne s'adonnent plus à de violents exercices de plein air ou à une bruyante convivialité masculine pendant leurs heures de loisir. Les deux sexes passent désormais leur vie ensemble. Un homme a pour société immédiate les femmes de sa famille. Son épouse est sa principale associée, sa confidente la plus sûre, et souvent sa conseillère la plus fiable. D'où la question suivante : les hommes souhaitent-ils que la personne dont ils sont le plus proches, celle avec qui ils ont les rapports les plus étroits, celle dont les désirs et les préférences ont tant de droits sur eux soit quelqu'un dont les préoccupations n'ont rien à voir avec les leurs – quelqu'un qui n'apporte aucune aide, aucun soutien, aucun encouragement à leurs sentiments et à leurs desseins les plus nobles ? Ce compagnonnage étroit et presque exclusif peut-il s'accommoder du fait que les femmes sont dissuadées de s'intéresser aux sujets d'importance ? Qu'on leur apprend qu'il n'est pas de leur ressort de se soucier de ce qui incombe aux hommes, et qu'elles sortent de leur domaine réservé pour peu qu'elles s'intéressent sérieusement à autre chose qu'à leur foyer ? Est-il bon pour un homme de vivre en parfaite communion de pensée et de sentiment avec un être soigneusement maintenu en position d'infériorité par rapport à lui, quelqu'un dont les intérêts matériels sont, par force, confinés entre quatre murs, et qui à l'égard des sujets les plus passionnants – ceux qui à ses yeux relèvent de ses devoirs les plus nobles – cultive, comme s'il s'agissait de traits de caractère charmants, l'ignorance et l'indifférence ? Qui peut admettre que cela ne se fait pas au détriment du caractère de l'homme ? Le temps est proche, Monsieur, où les hommes s'abaisseront au niveau des femmes si les femmes ne sont pas hissées au niveau des hommes. Les femmes de sa famille stimulent et soutiennent les plus hautes aspirations d'un homme, ou les tirent vers le bas. Les maintenir dans l'ignorance de la chose politique est possible, mais on ne les empêchera pas de s'intéresser à sa partie la moins respectable, à savoir les personnalités qui s'en occupent ; en admettant qu'elles ne puissent ni comprendre ni cerner le sens du devoir civique développé chez un homme, elles ont à cœur ses intérêts personnels, et c'est sur ce plateau de la balance qu'elles jetteront leurs poids. Là, leur influence s'exercera sans relâche, prêtant main-forte aux inclinations égoïstes de cet homme, guettant ses moments d'irrésolution morale, redoublant le pouvoir des tentations. Quand bien même elles s'en tiendraient à tolérer patiemment ses activités, leur manque de compréhension bridera suffisamment son énergie morale pour le dissuader de sacrifier ce à quoi elles tiennent, de renoncer à des avantages sociaux et à des succès qu'elles pourraient partager au profit de choses qu'elles sont incapables d'apprécier. Et à supposer même que, par bonheur, ce genre de cas de conscience lui soit épargné, cela n'en aurait pas moins un effet indirect déplorable sur ses traits de caractère les plus admirables. L'idée oiseuse selon laquelle les beautés de caractère des deux sexes seraient mutuellement incompatibles entretient chez les hommes la peur des femmes viriles ; mais qui a étudié la nature et le pouvoir des influences sociales sait pertinemment que les hommes ne resteront pas longtemps virils si les femmes ne le sont pas aussi. Car lorsqu'il existe un vrai compagnonnage entre hommes et femmes, si les femmes sont frivoles, les hommes cèdent à la frivolité ; dès lors que les femmes ne se soucient que de leur intérêt personnel et de futilités, les hommes en général ne se préoccupent guère d'autre chose : les deux sexes ne peuvent désormais que s'élever ensemble, ou sombrer ensemble. D'aucuns prétendront sans doute que les femmes n'ont pas besoin du droit de vote pour s'intéresser aux questions d'intérêt public ; c'est fort possible, en effet, mais pour combien d'entre elles ? L'éducation et la société ont tout mis en œuvre pour inculquer aux femmes qu'elles devaient régler leur conduite sur ce que la société attend d'elles. Leur refuser le droit de vote revient à proclamer haut et fort que la société n'attend précisément pas d'elles qu'elles se passionnent pour des sujets d'intérêt public. Voilà pourquoi toutes les pensées et tous les sentiments de la jeune fille sont muselés dès ses premières années de scolarité ; à la différence de ses frères, elle n'apprend même pas l'histoire nationale, puisqu'elle n'aura pas à s'en mêler à l'âge adulte. Si certaines, par chance de plus en plus nombreuses, s'intéressent à ces sujets et les étudient vraiment, c'est parce que la force qui les anime est telle qu'elle leur permet de tenir tête à la pire espèce de découragement : non pas celui qui s'exerce en posant des obstacles et qu'il est possible de contrer, mais celui qui détruit le courage d'affronter les obstacles et de les surmonter.

On nous dit, Monsieur, que les femmes ne souhaitent pas le droit de vote. Si tel était le cas, cela prouverait seulement que ce découragement destructeur a toujours prise sur elles ; que son opium paralyse toujours leur esprit et leur conscience. Au vrai, cependant, elles sont nombreuses à vouloir ce droit, et elles l'ont réclamé en adressant des pétitions à notre Assemblée. Et combien y en a-t-il de milliers d'autres qui ne le réclament pas, soit qu'elles n'espèrent pas l'obtenir, soit qu'elles redoutent ce que les hommes, et les autres femmes aussi peut-être, penseront d'elles ? Ou parce qu'elles en sont dissuadées par la répugnance, soigneusement cultivée en elles au moyen de leur éducation, à attirer l'attention sur elles ? Il faut que les hommes aient une faculté d'aveuglement exceptionnelle pour présumer que des questions tendancieuses posées aux dames de leur famille ou de leur entourage leur révéleront les sentiments qui animent vraiment ces dernières, ou qu'une femme sur dix mille y répondra en toute sincérité. Personne n'est aussi instruit que la majorité des femmes dans l'art de faire de nécessité vertu ; il en coûte peu de feindre l'indifférence vis-à-vis de ce qu'on ne vous propose pas ; et la franchise dans l'expression de sentiments désagréables et peu flatteurs pour l'entourage immédiat ne compte pas parmi les vertus volontiers cultivées chez les femmes ; qui plus est, la franchise est une vertu comportant suffisamment de risques pour inciter les femmes prudentes à en réserver l'exercice aux situations dont l'enjeu les touche personnellement de plus près. Quoi qu'il en soit, celles qui se moquent du droit de vote n'en useront pas ; elles ne se feront pas inscrire sur les listes électorales, ou alors elles voteront en suivant les conseils des hommes de leur famille : dès lors, l'avantage étant équitablement partagé entre toutes les classes sociales, personne ne s'en trouvera lésé. Quant à celles qui tiennent à ce droit, elles en feront usage, qu'elles soient une poignée ou des légions ; en retour, cela stimulera leurs facultés, leurs sentiments, et leurs sympathies se développeront et s'affranchiront sous l'influence bénéfique que le droit de suffrage manque rarement d'avoir sur ceux à qui il est reconnu. Ainsi en finirait-on avec une stigmatisation qui frappe toutes les femmes d'indignité. Le droit ne les décréterait plus incapables de choses sérieuses ; il n'affirmerait plus que leurs opinions et leurs désirs ne méritent pas d'être pris en considération, aussi bien sur les questions qui les concernent autant que les hommes que sur celles qui les touchent de plus près. Elles ne seraient plus rangées dans la catégorie des enfants, des idiots et des fous, jugées inaptes à prendre soin d'elles autant que des autres, assez démunies pour qu'il faille agir en tout point à leur place et sans leur consentement. Quand bien même n'y en aurait-il qu'une sur vingt mille à voter, ce serait une aubaine pour toutes qu'elle soit en capacité de le faire. Cette émancipation très théorique lèverait le poids, beaucoup plus pernicieux qu'il n'y paraît, empêchant l'épanouissement de leurs facultés.

On prétend encore que les femmes n'ont pas besoin d'exercer directement le pouvoir, tant celui qu'elles exercent indirectement, au travers de leur influence sur les hommes de leur famille et de leur entourage, est considérable. J'aimerais développer un peu cet argument. Les gens riches ont une influence indirecte considérable. Est-ce une raison pour leur refuser le droit de vote ? A-t-on jamais proposé une sorte de suffrage censitaire à l'envers ? Présenté un amendement visant à retirer le droit de vote aux personnes dont le logement vaut cinq cents livres ou plus, ou qui acquittent chaque année cent livres d'impôts directs ? Sauf à réserver cette règle d'attribution du droit de vote aux seules femmes, quiconque est en possession d'une fortune conséquente serait par elle autorisé à graisser des pattes, mais pas à voter. Monsieur, il est vrai que les femmes ont un grand pouvoir. C'est d'ailleurs un argument que je défends ici ; mais précisément parce qu'il est indirect et, par conséquent, *irresponsable*[1], elles en disposent dans les pires conditions qui soient. Celles qui ont un si grand pouvoir doivent en être tenues responsables. Je veux que la femme puisse, en conscience, l'exercer honnêtement. Qu'elle comprenne qu'il ne s'agit pas simplement d'un moyen d'affirmer personnellement son ascendant. Je veux que son influence procède du viril échange d'idées, pas de la cajolerie. Je veux éveiller en elle le sens de l'honneur politique. Bien des femmes influent déjà beaucoup sur l'action politique de leurs relations masculines, et parfois leur volonté est assez forte pour qu'elles en décident ; pourtant la femme n'est nullement censée

1. À propos de ce pouvoir indirect que les femmes exerceraient de façon « irresponsable », voir également le « Discours du 12 janvier 1871 », *infra*, p. 99.

s'en mêler; l'homme qu'elle influence – qu'elle égare peut-être –, en est seul tenu responsable. Ce pouvoir ressemble à l'influence de la courtisane qui tire les ficelles en coulisse. Monsieur, je formule ici l'exigence que toute personne ayant du pouvoir se charge aussi de la somme des connaissances nécessaires pour savoir à quoi il s'applique. Si les femmes ont officiellement voix au chapitre, leur sens du devoir se développera en conséquence. Elles n'ont généralement pas moins de scrupules de conscience que les hommes. Sur tous ces sujets, hissez la femme au niveau de l'agent moral, montrez que vous attendez d'elle une conscience politique; quand elle aura saisi la sublime importance de ces choses, elle saura pourquoi il ne faut pas sacrifier ses convictions politiques à l'intérêt personnel ou à la vanité; elle comprendra que l'intégrité politique est une obligation solennelle, pas une de ces lubies auxquelles un homme doit renoncer pour le bien de sa famille; et en ce qui concerne la gestion des affaires publiques, les hommes qu'elle est en mesure d'influencer en deviendront meilleurs, et non pas pires comme c'est souvent le cas de nos jours.

Enfin, d'aucuns soutiendront aussi que, dans la pratique, le fait de ne pouvoir voter ne désavantage pas les femmes en tant que telles ; leurs intérêts à toutes sont entre les mains de pères, de maris, de frères qui ne les ont pas moins à cœur qu'elles, et qui non contents de savoir mieux qu'elles ce qui leur convient, s'en soucient bien davantage[1]. Monsieur, c'est exactement ce qui se dit de toutes les classes qui ne sont pas représentées. Les

1. Sur ce point, John Stuart Mill s'oppose radicalement à son père, James Mill qui, dans un texte intitulé *On government*, avait soutenu en 1824 que les femmes n'avaient pas besoin du droit de vote dans la mesure où leurs intérêts rejoignaient systématiquement ceux de leurs maris ou de leurs pères. John Stuart Mill fait explicitement part de son désaccord dans ce passage de son *Autobiographie* : « Bien que son essai *Du gouvernement* fût probablement considéré par nous tous comme un chef-d'œuvre de sagesse politique, notre approbation ne concernait en aucune façon le paragraphe dans lequel il soutient que, dans un bon gouvernement, en toute logique les femmes ne peuvent pas être admises à voter puisque leurs intérêts se confondent avec ceux des hommes » (1993 : 106).

ouvriers, par exemple, ne sont-ils pas virtuellement représentés par les représentants de leurs employeurs ? Les intérêts bien compris des employés et des employeurs ne sont-ils pas identiques ? Insinuer le contraire, n'est-ce pas se rendre coupable du crime horrible qui dresse les classes les unes contre les autres ? N'est-il pas tout aussi intéressant pour le fermier et pour le journalier que l'agriculture prospère ? tout aussi intéressant pour le fabricant de coton et pour ses ouvriers que les prix du calicot s'envolent ? N'est-ce pas dans leur intérêt à tous que les impôts sont prélevés ? Et de façon générale, employeurs et employés n'ont-ils pas des intérêts communs à défendre contre le reste du monde, comme les époux d'un même couple contre les personnes étrangères à leur famille ? Qui plus est, tous les employeurs ne sont-ils pas des hommes bons, affables et bienveillants, qui aiment leur personnel, ne désirent que son bien et se mettent en quatre pour le lui garantir ? Autant d'assertions aussi vraies et judicieuses que celles, équivalentes, qui ont cours à propos des hommes et des femmes. Monsieur, nous ne vivons pas en Arcadie mais dans la fange de Romulus, ainsi qu'on nous l'a récemment rappelé ; et dans cette région-là, les ouvriers ont besoin d'une autre protection que celle de leurs employeurs, et les femmes d'une autre protection que celle de leurs maris. J'aimerais d'ailleurs que notre Assemblée commande un rapport sur le nombre de femmes qui, chaque année, sont battues à mort par leurs maris, rouées de coups, piétinées jusqu'à ce que mort s'ensuive par leurs mâles protecteurs ; en face, une colonne avec le nombre de condamnations prononcées contre ceux de ces ignobles criminels qui n'ont pas été purement et simplement acquittés. Et j'aimerais, dans une troisième colonne, une liste des biens matériels illicitement dérobés, dont le vol, jugé par le même tribunal au cours d'une même session et par les mêmes magistrats, a été sanctionné par une peine identique. Nous disposerions ainsi d'une estimation arithmétique de la valeur assignée par une législature et des tribunaux masculins au meurtre d'une femme, souvent consécutif à des années de torture, et s'il nous restait un tant soit peu de dignité nous baisserions tous la tête de honte[1]. Monsieur, avant d'affirmer que refuser le droit de vote aux femmes n'est pas attenter à leurs propres intérêts, il conviendrait de se demander si elles n'ont pas motif de s'en plaindre ; si les lois et les pratiques régies par le droit leur sont en tout point aussi favorables qu'aux hommes. Qu'en est-il en réalité ? Dans le domaine de *l'éducation*, par exemple ? On nous répète à l'envi que la part la plus importante de l'éducation nationale repose sur les mères, qui éduquent les hommes de demain. Mais y attache-t-on vraiment de l'importance ? Y a-t-il beaucoup de pères qui se soucient autant de l'éducation de leurs filles que de celle de leurs fils, et sont prêts à y consacrer autant d'argent ? Où sont les universités, les

1. Sur cette injuste proportion des peines prononcées contre les coupables de violences envers les femmes, d'une part, et contre les coupables de vol, d'autre part, voir aussi le « Discours du 12 janvier 1871 », *infra*, p. 99.

lycées et même les écoles de bon niveau pour les filles? Et si l'on soutient que les filles ne sont nulle part mieux instruites qu'à la maison, où sont les instituts qui forment les gouvernantes? Que sont devenues les dotations que nos aïeux, dans leur munificence, consacraient à l'éducation non pas d'un sexe, mais des deux, sans discrimination? Je tiens de l'une des plus éminentes autorités en la matière que la majorité des dotations ne sont pas expressément allouées au seul bénéfice des garçons, mais de l'éducation en général[1]; celle conséquente reçue par le Christ's Hospital[2] est explicitement dédiée aux filles et aux garçons: pour être précis, à l'heure actuelle cette institution éduque et prend en charge onze cents garçons et

1. L'« éminente autorité » à laquelle Mill fait ici allusion est Sarah Emily Davies (1830-1921), dont le traité *On the application of funds to the education of girls* fut publié en 1865. Cette féministe anglaise militait pour le suffrage des femmes et fut l'une des premières à réclamer que les filles puissent entrer à l'Université.

2. Célèbre pensionnat fondé en 1552 par le roi Edouard VI pour accueillir les enfants, filles et garçons, des artisans pauvres de Londres.

vingt-six filles. À l'âge adulte, qu'advient-il de ces femmes, de plus en plus nombreuses, issues des classes instruites et qui n'ont pas de ressources reçues en héritage ou à la suite d'un mariage, qui parfois ont dédaigné se marier dans ce seul dessein, et ne peuvent compter que sur elles-mêmes pour gagner leur vie ? Il n'est guère qu'une activité nécessitant leur savoir qui s'ouvre à elles : elles sont gouvernantes, sinon elles ne sont rien. À cet égard, ce n'est pas sortir du sujet qu'évoquer un incident qui s'est récemment produit. Une jeune femme, Mlle Garrett, pour la nommer, a étudié la médecine, non parce qu'elle y était poussée par la nécessité mais dans le désir louable d'employer son énergie à soulager la souffrance humaine[1]. Ayant obtenu les qualifications

1. Elizabeth Garrett-Anderson (1836-1917). Empêchée, en raison de son sexe, de s'inscrire dans une université du Royaume-Uni, elle passera son diplôme en 1870 à l'Université de Paris, trois mois après Frances Hoggan (britannique elle aussi, et première Européenne diplômée de médecine), et trois ans après ce discours de John Stuart Mill. Comme sa sœur, la féministe Millicent Fawcett, Elizabeth

voulues, elle frappa successivement à toutes les portes qui, en vertu de la loi, donnent accès aux professions médicales, et ce avec une énergie et une persévérance qui méritent tous les éloges et davantage. Ayant trouvé porte close presque partout, elle finit par en découvrir une que l'on avait, par mégarde, laissée entrouverte. La Société des Apothicaires, en effet, avait semble-t-il omis d'interdire son accès à des créatures dont elle n'imaginait pas qu'elles essaieraient d'entrer dans ses murs, et la jeune femme parvint donc à s'y faufiler pour suivre la voie de sa vocation. La savante institution jugea cependant si répréhensible que des femmes puissent prodiguer des soins médicaux, y compris à d'autres femmes, que l'étroit guichet par lequel Mlle Garrett avait réussi à entrer fut fermé derrière elle, et qu'aucune jeune impudente ne fut

Garrett-Anderson militait activement pour le suffrage féminin ; en 1874, elle participera à la fondation de la London School of Medicine for Women, dont les étudiantes seront officiellement autorisées à exercer deux ans plus tard, par une loi votée au Parlement.

plus admise à sa suite. Et *instar omnium*[1]. Dès que les femmes se montrent capables de rivaliser avec les hommes dans une carrière un tant soit peu lucrative et honorable, elles en sont écartées. Il y a quelque temps encore, elles pouvaient devenir membres de la Royal Academy; mais elles s'y distinguèrent si bien et s'y taillèrent une place si respectable au sein de leurs spécialités que cette prérogative leur a également été retirée. Voilà donc comment les intérêts des femmes sont protégés par les hommes qui les représentent si fidèlement. Voilà comment nous traitons les femmes qui ne sont pas mariées. Et celles qui le sont, qu'en est-il? On dira sans doute que cette motion ne les concerne pas, et en effet, du moins pas directement. En revanche, elle concerne directement beaucoup de celles qui ont été mariées ou qui le seront un jour. Aujourd'hui, le droit en vigueur en Angleterre stipule que tout ce que possède une femme,

1. Littéralement, « cela vaut également pour tous » – et en l'occurrence « pour toutes ».

absolument tout, appartient à son mari ; il peut tout lui soutirer, dilapider jusqu'au dernier penny dans la débauche, la laisser subvenir elle-même, par son travail, à ses besoins et à ceux de ses enfants, et si par des efforts héroïques et des sacrifices elle parvient à mettre de l'argent de côté en prévision de l'avenir, il peut s'accaparer ses économies et la laisser sans le sou, sauf si elle est séparée de lui par décision de justice. Les cas de ce genre sont très communs. Si nous avions perdu la tête au point de trouver cela juste, Monsieur, nous aurions quelques excuses ; mais nous avons la tête sur les épaules. Les classes fortunées veillent à mettre leurs filles à l'abri des conséquences de cette situation juridique abominable. Le stratagème des contrats de mariage leur permet d'édicter leur propre loi au cas par cas, et elles y recourent invariablement. Pourquoi réserver cette justice à nos filles et ne pas l'appliquer aux filles des classes pauvres ? Pourquoi ce qui est mis en pratique dans les situations qui nous tiennent personnellement à cœur n'a-t-il pas force de loi dans tout le pays, en sorte que l'enfant d'une famille pauvre, dont les parents n'ont pas les moyens de régler les frais afférents à un contrat, conserve des droits sur les quelques biens qui lui reviendront peut-être, et qu'elle ait son mot à dire sur la manière de disposer de ce qu'elle a elle-même gagné – qui, pour plus d'un mari, représente la part majeure, et la seule fiable, des revenus de la famille ? On me demande parfois quelles sont les injustices que je me propose de réparer avec le suffrage féminin. Celle-ci en est une. Si je donne ces exemples, c'est pour prouver que les femmes ne sont pas les enfants gâtées de la société, contrairement à ce que beaucoup semblent penser ; qu'elles n'ont pas ce surcroît, cet excès de pouvoir qu'on leur prête ; et qu'elles ne sont pas suffisamment représentées par les représentants des hommes qui n'ont pas eu le courage de prendre pour elles cette mesure de justice toute simple et évidente. (*Bravo ! Bravo !*) Monsieur, des injustices de moindre ampleur que celles causées par les dispositions légales sur les biens des femmes mariées ont provoqué des révolutions, quand elles accablaient des groupes moins accoutumés à se soumettre. Ainsi, Monsieur, sans plus tabler sur la tranquille certitude d'être à l'abri de pareilles conséquences, nous devrions ne point refuser à une proportion limitée des femmes d'être, pour une part modeste, associées à la promulgation et à l'amélioration de nos lois, ce que cette motion sollicite en leur nom et qui leur permettrait de faire valoir leurs opinions au sein de cette Assemblée, par la voix d'une poignée d'hommes qui les représenteraient. Nous devrions ne point leur refuser ce que nous accordons à tout le monde, elles exceptées : le droit d'être consultées sur le choix de leurs représentants ; l'occasion ordinaire de désigner dans le grand Conseil de la nation les porte-parole de leurs sentiments – d'avoir ce qu'ont tous les petits métiers, toutes les professions : quelques mandataires requis tout spécialement pour défendre leurs intérêts et signaler en quoi la loi ou les changements législatifs proposés ont prise sur elles. Cette motion ne réclame rien de plus ; le jour où ce droit sera reconnu aux femmes – et ce jour viendra, n'en doutons pas –, vous n'aurez, j'en suis absolument sûr, jamais à vous repentir d'avoir fait cette concession.

Son discours terminé, Mill proposa un amendement visant à substituer le mot « personne » au mot « homme » dans la clause n° 4 de la Réforme électorale, qui détaillait les qualifications professionnelles requises pour voter dans les comtés. Reprenant la parole après sept autres orateurs, il conclut le débat en ces termes :

Pour répondre au noble Lord qui exige que je retire mon amendement, je dirai simplement que les réquisitoires prononcés contre ma proposition, dont le sien, m'ont procuré trop de satisfaction pour que j'envisage de m'exécuter. Rien ne m'a plus réjoui que de constater que tous ceux qui ont tenté de s'y opposer ont présenté des arguments hors sujet, par rapport à l'ordre du jour de notre Assemblée. (*Bravo ! Bravo !*) Ils se sont élevés contre l'admission des femmes mariées dans le corps électoral, qui ne figure pas dans la motion ; contre l'admission des femmes au sein de cette Chambre ; ou encore, à l'instar de l'honorable député de Wick, contre l'admission des femmes aux grades de général et d'officier dans l'armée – question dont j'ai à peine besoin de préciser qu'elle ne figure pas non plus dans ma proposition. Je suis convaincu que lorsque nous aurons adopté le suffrage universel – ce qui se produira vraisemblablement, tôt ou tard (*oh ! oh !*) –, l'extension du droit de vote à tous les hommes nous amènera à l'étendre de même à toutes les femmes. D'ici là, et puisque vous le subordonnez toujours à la qualité de propriétaire, je ne propose pas de l'étendre à l'ensemble des femmes mais uniquement à celles qui possèdent cette qualification. L'un des orateurs[1] conjecturait que les jeunes femmes pourraient attacher une telle importance au droit de vote que pour

1. Il s'agit de John Burgess Karslake (1821-1881), avocat, alors ministre de la Justice de l'Angleterre et du Pays de Galles, membre du

ne pas le perdre elles en viendront peut-être à refuser le mariage ; je ne puis que répondre que si elles ne veulent pas se marier pour pouvoir voter, mieux vaut les autoriser à voter une fois mariées. (*Acclamations et rires.*) Quant aux questions que pourrait poser la suppression des autres incapacités civiles des femmes, elles ne sont pas à l'ordre du jour de notre Assemblée. S'il s'agissait d'examiner ces vastes questions, il est bien des arguments et des considérations qu'il faudrait évidemment prendre en compte, mais l'amendement proposé ne les soulevant pas, il n'est par conséquent pas nécessaire que je les commente. Je dirai simplement que si l'expérience – en particulier s'agissant des effets de l'extension du suffrage aux femmes – nous conduit un jour à décider que les femmes mariées devraient pouvoir voter, ou que les femmes en général devraient pouvoir prétendre aux emplois et aux occupations qui leur sont aujourd'hui interdites – au vu

Parti conservateur et élu à la Chambre des Communes pour la ville d'Andover, dans le New Hampshire.

de l'expérience, donc, de l'avis général il devrait en être ainsi et il en sera ainsi.

À l'issue de ce discours, l'amendement de Mill, désigné scrutateur, fut mis aux voix et rejeté par 196 voix contre 73. Tout en excluant les femmes du suffrage, la réforme votée en 1867 élargit la base électorale à une partie des classes moyennes et laborieuses, en l'occurrence l'ensemble des hommes propriétaires de leur logement et ceux des locataires acquittant un loyer annuel de 10 £ ou plus et résidant depuis plus d'un an dans la même circonscription. Connue sous le nom de « Representation of the People Act », cette mesure doubla quasiment le corps électoral, passé de un à deux millions d'électeurs (sur une population masculine adulte d'environ cinq millions de personnes).

Discours du 18 juillet 1869[1]

La première chose qui s'impose à nous, les hommes qui avons rejoint cette Société – une association instituée par des femmes éminentes pour procurer à leurs semblables la protection que confère le droit de vote – est de les féliciter pour le succès de cette première tentative d'organisation politique. L'admission des femmes dans

1. Mill s'exprime ici devant les sociétaires de la London National Society for Women's Suffrage, lors d'une rencontre organisée à Londres à la Gallery of the Architectural Society. Il avait lui-même proposé que la réunion de l'après-midi soit présidée par Clementia Taylor (1810-1908), présidente de cette association féministe, engagée dans le mouvement anti-esclavagiste et membre du comité qui, deux ans plus tôt, avait lancé une pétition pour soutenir l'amendement sur le suffrage féminin présenté par Mill à la Chambre des Communes (*supra*, p. 17-55). Dans son allocution d'ouverture, Clementia Taylor souligna que le succès rencontré par la National Society for Women's Suffrage était largement dû au «plaidoyer courageux et éloquent» prononcé par John Stuart Mill lors de la discussion sur la réforme électorale de 1867.

le corps électoral est désormais une question d'ordre pratique. Ce qui était encore, il y a peu, simple protestation de principe au nom d'un droit abstrait, est devenu un objectif politique précis, poursuivi avec sérieux par des milliers d'adhérentes. Il aura suffi que quelques dames riches de talent et d'influence, familières de ces principes de justice, confiantes en ces progrès qui aujourd'hui renouvellent la vie de tous les pays – il aura suffi, dis-je, que quelques-unes de ces dames envoient le signal que le temps était venu pour les femmes de réclamer leur part des bienfaits de la liberté, qui sont la passion et la gloire de toutes les grandes nations, pour que des milliers de femmes se rallient à elles, impatientes de donner forme à des aspirations et des souhaits dont nous découvrons aujourd'hui que des multitudes de nos concitoyennes les ont longtemps chéris en silence. Les milliers de personnes qui, année après année, ont signé les pétitions pour le suffrage féminin, sont la preuve que je n'exagère pas en disant cela. Pour ma part, j'ai toute ma vie soutenu que les femmes ont autant le droit de voter que les hommes ; et la chance m'a amené à rencontrer bien des femmes beaucoup plus aptes à exercer ce droit que la plupart des hommes de ma connaissance. (*Rires et acclamations.*) J'ajouterai d'ailleurs, ce qui est à porter au crédit de ma perspicacité, que je suis depuis longtemps d'avis que le désaveu d'égalité, politique ou autre, avec les hommes – désaveu qui, jusqu'à une époque récente, était presque unanime chez les femmes – n'est qu'un exemple de la manière gracieuse et affable, typiquement féminine, de faire de nécessité vertu. Néanmoins, je dois reconnaître que je ne m'attendais pas à ce que ce mouvement suscite tant de sympathie, et plus que de la sympathie, un soutien plein d'ardeur et de ferveur chez les femmes, et les hommes aussi, de toutes les conditions et de tous les partis. Notre succès est sans commune mesure avec les moyens qui étaient *a priori* les nôtres, et il resterait inexplicable sans les puissants alliés qui nous ont prêté main-forte.

Le premier de ces précieux auxiliaires, c'est le *sens de la justice.* Lorsqu'il n'est pas étouffé par la coutume et le préjugé, le sentiment naturel de ce qui est juste joue en notre faveur. Nous dénonçons des préférences arbitraires ; l'élévation de certains au rang de favoris quand d'autres se voient claquer la porte au nez. Nous réclamons l'égalité des chances, des mesures de protection égales pour les deux moitiés du genre humain. Le suffrage politique que les hommes exigent partout, car il représente le seul moyen à même de leur garantir leurs autres droits, nous l'exigeons pour les femmes, pour les mêmes raisons et au nom des mêmes principes. Notre position est donc fondée sur la justice naturelle ; s'en réclamer, c'est invoquer une force puissante.

Le second élément qui joue pour nous, et de plus en plus fortement, tient aux évolutions qui marquent notre époque, à ce que l'on pourrait appeler *l'esprit moderne.* Toutes les tendances dont elle s'enorgueillit, toutes celles qui composent les caractéristiques et les principes moteurs du progrès moderne sont de notre côté. Je citerai d'abord l'ascendant croissant de la force morale sur la force physique – ou des influences sociales sur la force brute –, la prédominance de l'idée de justice sur la loi du plus fort. Vient ensuite *l'esprit philanthropique*, celui qui cherche à élever le faible, l'humilié, l'opprimé. Puis *l'esprit démocratique*, la disposition qui conduit à vouloir étendre les droits politiques et à estimer qu'une classe est insuffisamment protégée tant qu'elle n'a pas son mot à dire quant au choix de ceux qui édicteront les lois et qui les appliqueront. Il y a encore *l'esprit du libre échange*, le désir de lever les restrictions, de briser les barrières, de laisser les gens libres de décider de leurs conditions de vie, au lieu de les enchaîner par la loi ou la coutume à des conditions décidées pour eux. Et il y a aussi la force de ce que je me vois obligé d'appeler, pour la honte de l'histoire passée, la nouvelle conception du progrès humain et du bonheur, celle qui pose qu'ils ne procèdent pas d'émotions passivement ressenties, mais du libre développement de soi[1]. Enfin, au-dessus et au-delà de ces influences spécifiques à l'œuvre dans la société, nous pouvons compter sur l'une des plus puissantes et des plus remarquables particularités modernes – non pas le fait de désigner aux autres telle ou telle ligne d'action, mais une disposition mentale qui nous est commune : l'habitude d'évaluer les êtres humains en fonction de leur valeur intrinsèque, de ce qu'ils sont et de ce qu'ils font, et non pas en fonction de leur naissance, de la place que leur a assignée le hasard ou la loi. Quiconque est pleinement pénétré de cet état d'esprit ne peut s'empêcher de penser que riches et pauvres, femmes et hommes, doivent être égaux devant l'État, comme depuis l'ère chrétienne ils ont été proclamés égaux devant Dieu. Et ce sentiment conforte puissamment nos tentatives pour convertir cet idéal chrétien en réalité humaine.

1. Sur le libre développement de l'individualité comme élément nécessaire au bonheur, voir Mill, *De la liberté*, chap. III, p. 145-175.

L'esprit du temps est sans équivoque de notre côté, et pour s'en convaincre il suffit de penser aux divers progrès sociaux en cours de réalisation, ou que notre époque s'est résolue à mettre en œuvre. Il n'est aucun de ces progrès qui ne contribue à l'émancipation des femmes ; aucun que l'émancipation des femmes ne favorise en retour. Et aucun d'entre eux ne pourra à proprement parler voir le jour sans que les femmes y soient associées, avec leurs capacités morales et intellectuelles correctement développées. Dès lors que la société endosse les devoirs que l'état actuel de la civilisation exige d'elle, elle ne peut se passer de l'intelligente coopération des femmes ; et les pédantes inepties à propos de la sphère féminine paraîtront d'un ridicule achevé lorsqu'elles serviront de prétexte pour exclure les femmes des affaires politiques de moindre importance, alors qu'il n'est plus possible de se passer de leur aide pour les cas les plus ardus. (*Acclamations.*)

Voyez ce qu'il en est de l'éducation, par exemple. C'est peut-être le sujet qui fait couler le plus d'encre. Hommes d'État, intellectuels, écrivains, tous ont leur mot à dire : les grands et les petits, les riches et les pauvres, les Tories et les Whigs[1], les radicaux, les membres des classes supérieures et moyennes et de la classe ouvrière, tous déclarent d'une même voix que notre pays ne saurait progresser sans une éducation nationale de qualité qui s'adresse aux couches les plus basses de la société et, ajouterai-je avec votre permission, également à celles qui sont au sommet. Les meilleurs de nos concitoyens le répètent depuis des générations ; mais suite aux changements politiques récents, et dans la perspective de ceux que nous réclamons, cette nécessité prend un caractère d'évidence. Aussi demandons-nous aux riches et aux pauvres, aux Tories, aux Whigs et aux radicaux : comptez-vous instruire la nation sans les femmes ? Sans

1. Soit, pour schématiser, les conservateurs (*Tories*) et les réformistes (*Whigs*). Dans les années 1830, ces derniers s'étaient associés aux radicaux pour former le Parti libéral (centriste), à l'origine du projet de réforme visant à élargir la base électorale aux classes moyennes.

parler du droit égal qu'ont les femmes à en recevoir leur part, je pose la question : le reste de la population recevra-t-il la sienne sans l'aide directe des femmes ? Quand nous aurons décidé de dispenser aux enfants de toutes conditions un véritable enseignement – très loin du faux-semblant d'instruction aujourd'hui prodigué à la majorité d'entre eux –, nous aurons besoin d'un nombre de maîtres d'école bien supérieur à celui que nos finances permettraient de rémunérer si nous refusions le concours de la moitié, voire davantage, des forces disponibles. Les femmes, tout le monde s'accorde à le reconnaître, sont les meilleures enseignantes qui soit pour les jeunes enfants ; et beaucoup sont impatientes de se mettre à l'ouvrage, à titre professionnel ou bénévolement. Un seul obstacle les empêche d'être tout aussi capables d'instruire les élèves d'un niveau supérieur : elles ne peuvent pas enseigner ce qu'on ne leur a pas permis d'étudier. (*Bravo ! Bravo !*) Il faudra donc les admettre dans les branches les plus prestigieuses du savoir, ne serait-ce que pour qu'elles puissent les professer à d'autres. En Amérique du Nord, pays où l'éducation populaire est la plus répandue, la plupart des professeurs sont déjà des femmes, et pas seulement dans les écoles élémentaires; on constate en outre que leur façon d'enseigner est particulièrement efficace avec les garçons. Dans ces conditions, comment imaginer que lorsque les femmes se retrouveront aux côtés des hommes d'aujourd'hui pour instruire les hommes de demain, elles puissent se dire que leurs élèves auront un jour le droit de les dominer politiquement? (*Bravo! Bravo!*) Dans ces conditions, est-il vraisemblable que lorsqu'elles instruiront et formeront les hommes de demain, d'égale à égal avec les hommes de leur temps, elles trouvent juste que leurs élèves aient de droit une supériorité politique sur elles? Pensez-vous qu'elles s'estimeront moins dignes de voter, moins capables d'exercer ce droit que les hommes à qui elles auront appris à l'utiliser? J'aimerais voir la tête de l'homme qui, ainsi instruit par elles, aurait l'aplomb de leur dénier ce droit. (*Acclamations.*)

Passons à l'administration de la pauvreté : j'entends par pauvres ceux qui justifient de l'assistance publique, autrement dit la population indigente. Ce problème redoutable accapare tous nos penseurs et tous les administrateurs consciencieux ; et plus ils y appliquent leurs pensées, plus ses complications les accablent. J'ose prédire que ce grand sujet d'inquiétude national, et à vrai dire plus que national, humain, ne pourra être réglé que si les femmes participent, et de façon peut-être prépondérante, à lui trouver des solutions. Les hommes avisés savent, de longue expérience, que le bon principe guidant les lois sur les pauvres consiste, hormis dans les cas d'assistance temporaire, à strictement cantonner l'aide apportée aux adultes dans les établissements publics : les maisons de travail et, si nécessaire, les hôpitaux[1]. La méthode

1. Mill se réfère ici à la « Nouvelle loi sur les pauvres » (*New Poor Law*), votée en 1834 et venue modifier celle en vigueur depuis le XVIe siècle, qui faisait obligation aux paroisses de porter assistance à leurs indigents en prélevant un impôt spécifique qu'elles devaient leur redistribuer. Sous l'effet conjugué de la croissance démographique, de

fut mise à l'essai, mais l'administration des maisons de travail et des hospices fut si désastreuse, le gaspillage si dispendieux, et les malheureux internés si brutalement négligés et maltraités que le système s'est effondré et que l'opinion répugne à le réhabiliter. Le jour où les établissements pour indigents seront administrés par des femmes compétentes, le problème trouvera sa solution, si solution il y a. C'est à celles qui s'y rendaient au titre de simples visiteuses que l'on doit en grande partie d'avoir découvert

---

la modernisation de l'agriculture, de l'urbanisation et du développement de l'industrie, textile notamment, qui fragilisent les économies rurales, dès la fin du XVIIIe siècle la pauvreté se répand dans des catégories jusqu'alors épargnées. Parallèlement, les classes moyennes supérieures (admises dans le corps électoral depuis 1832), protestent contre la redistribution d'une part de leurs impôts aux plus pauvres. Le débat oppose des arguments bien connus, devoir d'assistance aux plus démunis d'un côté, encouragement à la fainéantise et à l'assistanat de l'autre. La nouvelle loi va multiplier les *workhouses* (littéralement «maisons de travail») qui existaient déjà dans plusieurs communes et durcir leur règlement au point qu'elles recevront le surnom de «bastilles du travail». Il s'agit bel et bien de «surveiller et punir» les indigents qui y sont nourris et logés dans des conditions de discipline très stricte en échange de travaux pénibles et rebutants.

les atrocités qui ont ulcéré le grand public, et qui avaient échappé à la vigilance des hommes sélectionnés en vertu de leurs qualités pour inspecter ces asiles de pauvres. La personne la plus compétente pour gérer une maison de travail est celle qui sait le mieux gérer une maisonnée. La femme qui a appris à gouverner ses propres domestiques saura agir de même avec le personnel de l'établissement. Gardiens ou inspecteurs, rares sont les hommes qui s'attachent suffisamment aux détails pour débusquer la malhonnêteté, encourager le zèle ou vaincre l'indolence de toutes les personnes chargées de veiller aux besoins d'un vaste agglomérat d'êtres humains. Le voyageur averti sait que les auberges sont rarement confortables en l'absence d'hôtesse. Et les gigantesques détournements de fonds observés dans les commissariats aux armées, les terribles souffrances que le manque de personnel médical et infirmier inflige aux soldats blessés, attestent que les hommes ne possèdent pas cette faculté céleste dont ils se prévalent : réussir à faire à grande échelle ce qu'ils ne daignent pas apprendre à faire à petite échelle. Si vraiment la maison est la sphère naturelle de la femme (et personne ne me demande de contredire cette affirmation), alors elle englobe ces domaines de la politique requérant des facultés qui ne peuvent s'acquérir qu'au sein du foyer. Mais certaines sphères sont grandes, et d'autres petites ; et d'aucuns voudraient que les femmes se contentent toujours des petites. Ce n'est pas mon cas.

Il en va de même s'agissant du détail des dépenses publiques : qui saurait mieux le superviser et le contrôler qu'une mère de famille expérimentée, qui sait ou a appris à connaître le prix des choses, et dont le travail quotidien consiste déjà à découvrir d'éventuelles malversations ou des gaspillages dans le budget de sa grande maisonnée ? Il est peu d'hommes qui s'y soient beaucoup appliqués en pratique ; les femmes s'y emploient par milliers. Pour répondre à l'exigence de notre époque, d'un gouvernement à la fois économe et efficace – qui sans coûter cher nous en donne exactement pour l'argent que nous lui remettons –, de manière générale, c'est parmi les femmes que l'on trouvera les intermédiaires les plus vigilantes et les plus capables de tirer le meilleur parti possible des sommes disponibles. (*Applaudissements.*)

Il est au moins un mandat public majeur qui, dès le départ, a toujours été dévolu aux femmes : les hommes leur ont rarement disputé les soins à procurer aux malades. (*Rires.*) Dans la plupart des établissements publics, ce sont essentiellement des femmes qui les leur dispensent au motif que la situation l'exige ; et il est aujourd'hui admis qu'il faudrait qu'elles soient instruites, car une personne ignorante ne peut pas faire une bonne infirmière. Une infirmière a besoin de connaître les lois qui régissent la santé et le traitement des maladies, pour pouvoir au moins respecter les règles sanitaires et comprendre la signification des symptômes. Et il faudra qu'elle en sache bien davantage le jour où la prévention et la guérison des maladies seront du domaine de l'administration publique ; or, tout concourt à hâter la venue de ce jour. S'occuper des pauvres comporte bien des difficultés : quantité d'obstacles, d'ordre moral aussi bien qu'économique, nous empêchent d'agir à leur égard comme nous l'aimerions, pour la plupart d'entre nous. Mais la nation est je crois sur le point de décider de ne plus leur tenir rigueur de leur état, et donc de prendre en charge leur santé. Sur ce point, de l'avis de beaucoup, au lieu d'en faire trop la loi sur les pauvres n'en fait pas assez. Le personnel médical à disposition des paroisses est misérablement sous-payé et loin d'être aussi nombreux qu'il faudrait. Mais comment le rendre efficace ? Comment les communes pourraient-elles engager les dépenses nécessaires au recrutement d'un nombre suffisant de personnes qualifiées, quand nous persistons à écarter celles qui, précisément, réclament de suivre des études de médecine pour être aptes à remplir cette grande mission ? Tant que la profession médicale ne sera pas ouverte aux femmes, les effectifs de praticiens compétents resteront inférieurs aux besoins de la population, hormis celle qui vit dans l'aisance. Et à côté des praticiens à proprement parler, il existe beaucoup de femmes qui, faute de pouvoir donner tout leur temps en raison de leurs occupations domestiques, en consacreraient volontiers une partie, bénévolement ou en échange d'une rémunération modique, à des tâches trop coûteuses si elles étaient payées au prix du temps de travail des médecins en cabinet privé. Or, quand les femmes se verront publiquement confier ce mandat et seront instruites en conséquence, croit-on qu'elles seront heureuses de se voir dénier les privilèges ordinaires de la citoyenneté ? Pendant combien de temps encore va-t-on pouvoir les en priver ?

La société se rend compte chaque jour davantage qu'il serait souhaitable d'utiliser les services des femmes à d'autres fins que « faire téter des niais et tenir un compte de petite bière [1] ». (*Rires.*) Beaucoup de gens

1. « *To suckle fools and chronicle small beer* » : Shakespeare, *Othello*, II, 1, 160 ; traduction de F.-V. Hugo.

estiment aujourd'hui que leur éducation devrait être plus poussée afin qu'elles soient à même d'éduquer les hommes ; et en vérité, si elles doivent éduquer les hommes on voit mal comment on pourrait leur refuser l'enseignement dispensé aux hommes instruits. (*Bravo ! Bravo !*) Mais nos prudents réformateurs reproduisent à propos des femmes l'erreur déjà commise à propos de la classe ouvrière. On voulait bien instruire les travailleurs, mais dans l'idée qu'une fois instruits ils se contenteraient du traitement auquel ils avaient droit auparavant. Ils seraient parfaitement heureux, pensait-on, de constater que l'amélioration de leurs facultés les habilitait à devenir des serviteurs plus utiles, et ils ne songeraient pas à réclamer une place parmi les maîtres, ou le droit de vote pour choisir les maîtres. Les choses ne se sont pas passées ainsi avec la classe ouvrière et elles ne se passeront pas ainsi avec les femmes. Celles qui auront acquis les compétences pour former des hommes à leurs tâches s'estimeront aptes à prendre leur part de ces tâches ; ou à tout le moins capables de participer au choix de ceux qui doivent les distribuer. Le progrès de l'instruction des femmes et leur émancipation politique vont assurément de pair. (*Applaudissements.*)

Nous pouvons donc affirmer sans risques que notre cause a des soutiens puissants, puisqu'elle compte pour alliées ces grandes forces partout à l'œuvre, qui s'évertuent à rendre le monde meilleur. Un succès de notre part les décuplerait considérablement et leur puissance accrue hâterait nos succès, illustrant ainsi la vérité selon laquelle les progrès se confortent mutuellement. Les bonnes causes se coalisent toujours, et quiconque en aide une à atteindre son bel objectif en fait progresser beaucoup d'autres. (*Bravo ! Bravo !*) Forts de l'assurance qu'il en sera de même pour nous, notre mission est de poursuivre ce que notre association a entrepris jusqu'ici : nous battre pour le droit de vote, et *uniquement* pour le droit de vote. Ce droit ouvre la voie à d'autres progrès, mais il n'engage aucun d'entre nous quant à la nature de ces autres réalisations futures. Appliquons-nous à l'obtenir, et tout ce qui est souhaitable pour les femmes s'ensuivra obligatoirement, sans qu'il soit dès à présent nécessaire de définir, ou même possible de prévoir en quoi cela consistera. Le simple fait de réclamer le droit de vote donne un élan encore jamais vu à tous les projets qui veulent en finir avec l'injustice faite aux femmes. Depuis qu'il est revendiqué, une proposition de loi visant à autoriser les femmes mariées à posséder en propre leurs biens a de nouveau été présentée au Parlement (après être restée une dizaine d'années au fond d'un tiroir, avec des broutilles sans intérêt), et il y a des raisons d'espérer qu'elle soit adoptée[1] ; et le mouvement en faveur de l'admission des femmes dans l'enseignement supérieur s'étend dans toutes les directions, avec une diversité considérable de moyens, tellement bien que les femmes

1. Présentée une première fois sans succès en 1857, cette proposition intitulée « *A bill to amend the Law with respect to the property of married women* » fut à nouveau rejetée lors de son nouvel examen, en 1869.

ont quelque chance de recevoir une solide instruction presque aussi vite que les hommes. La meilleure façon pour nous de soutenir ces mouvements importants est de ne pas y engager notre association en tant que telle, quoi que nous jugions juste de faire par ailleurs à titre individuel; et d'unir nos efforts pour porter en avant ce qui, en puissance, les englobe tous, à savoir le droit de vote. Avec lui, le moment venu nous obtiendrons tout ce qu'il faut, en tout domaine; mais tant qu'il n'est pas gagné, nous n'obtiendrons rien qui ne puisse nous être ôté du jour au lendemain sur un caprice de nos gouvernants. De nos jours, la grande différence tangible, la ligne de démarcation entre les individus en mesure de se protéger par eux-mêmes et les individus à la merci des autres, c'est le droit de vote. Tous ceux qui ont des droits à protéger y voient d'ailleurs le seul moyen de protection efficace. (*Bravo! Bravo!*) Même en Amérique, on a découvert qu'il ne suffisait pas d'abolir l'esclavage: les nègres n'étaient pas vraiment libres avant d'avoir le droit de vote ; les assemblées représentatives, élues lors de scrutins auxquels ils ne pouvaient participer, leur ont infligé, ou ont permis qu'on leur inflige, un traitement qui les ramenait à un état de servitude presque pire que le précédent. Dans une période politique telle celle que nous vivons, et les lois portant sur d'autres aspects étant ce qu'elles sont, aussi longtemps que les hommes auront le droit de vote et que les femmes en seront privées elles ne seront jamais sur un pied d'égalité avec eux, et jamais personne n'estimera qu'elles ont droit à une égale considération. L'élargissement de la base électorale à d'autres qu'elles est une insulte à leur endroit, car il fera très vite d'elles la seule classe à laquelle ce droit est refusé, les seules personnes que le législateur juge indignes de choisir leurs gouvernants, ou dont il se soucie trop peu pour leur garantir cette protection. Le droit de vote est une étape charnière pour la cause des femmes ; lui seul est en mesure de leur assurer une égalité d'attention et de traitement. Avec lui, il ne sera plus longtemps possible de leur refuser un juste droit ou de les priver d'un juste avantage; sans lui, leurs intérêts et leurs sentiments passeront toujours au second plan, et l'exiguïté de leur sphère, les entraves posées à l'exercice de leurs facultés seront jugées sans importance. Continuons, par conséquent, à concentrer nos efforts sur le droit de vote; invitons tous ceux qui souhaitent que les femmes soient plus instruites, tous ceux qui désirent qu'elles soient traitées avec équité eu égard à la propriété et aux revenus, tous ceux qui veulent les voir accéder aux professions et aux carrières qui leur sont fermées aujourd'hui; invitons-les à se joindre à notre entreprise, car c'est pour eux le moyen le plus sûr de hâter la venue du progrès qui leur tient particulièrement à cœur. (*Concert d'acclamations.*)

Monsieur Mill présenta alors la première Résolution:

« Cette association affirme avec une ferme conviction qu'il est éminemment injuste et infondé d'interdire l'exercice des droits politiques en raison du sexe. »

Discours du 26 mars 1870[1]

Depuis la première assemblée générale de notre Association, en juillet de l'année dernière, nous avons eu maintes raisons de nous réjouir des progrès de notre cause. Progrès qui se manifestent non seulement dans le nombre croissant de nos amis, mais, plus encore, dans le changement de ton de nos adversaires. Au cours de l'année qui vient de s'écouler, on a pu lire bien des choses contre l'égalité des sexes dans diverses publications, mais il est remarquable que très peu d'auteurs aient exprimé un franc désaccord avec ce qui est l'objet même de notre association : l'obtention du droit de vote par les femmes.

1. Ce discours, prononcé lors de la deuxième assemblée générale de la London National Society for Women's Suffrage, a pour cadre une des salles de concert du prestigieux Hanover Square Rooms, qui accueille alors régulièrement les réunions du mouvement pour le droit de vote des femmes. Millicent Fawcett prendra également la parole à cette séance présidée par Clementia Taylor.

Plusieurs ont même explicitement déclaré, dans ce qui s'apparente fort à une concession, qu'ils ne s'y opposeraient peut-être pas. Voter aux élections est désormais, pour beaucoup d'entre eux, une chose assez banale que l'on peut se permettre de concéder ; si les femmes le souhaitent, peu importe qu'elles l'aient ou pas ; mais que l'on puisse revendiquer l'égalité des droits dans la vie civile, et en particulier dans le mariage, voilà qui les choque et les scandalise. C'est de bon augure, et je me prends à espérer que je serai encore en vie le jour où le débat portera tout entier sur ce point. La question n'a rien à voir avec le suffrage, comme l'ont toujours dit celles et ceux d'entre nous qui exigent une totale égalité des droits pour les femmes. Le droit de vote est d'un autre ordre ; ce n'est pas parce qu'une femme le revendique qu'elle s'engage si peu que ce soit à soutenir la cause de l'égalité ; si, par la force des choses, les femmes étaient inévitablement, intrinsèquement soumises à l'autorité des hommes, elles n'en auraient que plus besoin de la protection du droit de vote. Les arguments, de justice ou politiques, qui plaident pour que ce droit soit reconnu à tous les hommes valent également pour les femmes.

Mais j'aimerais dire quelques mots sur un des aspects de la question : l'effet particulier que l'arrivée des femmes dans le corps électoral risque d'avoir sur le Parlement lui-même et sur la conduite des affaires publiques. Dans un avenir proche, elle aura à mon avis pour conséquence notable d'augmenter la détermination du corps législatif à combattre les grands maux de la société, qu'ils soient d'ordre physique ou moral. (*Bravo ! Bravo !*) Il sera, je pense, plus difficile de persuader les électrices qu'il faut s'en accommoder – qu'il est impossible de les guérir ou même de les atténuer – et que nous pouvons détourner le regard sans que notre conscience soit troublée, en rouspétant simplement de temps en temps contre ce qu'ils nous coûtent en taxes, impôts et dépenses caritatives. Les femmes, selon moi, auront du mal à croire que ces terribles fléaux réduisent le législateur et l'administration à l'impuissance, et que ne pas y toucher est, pour les hommes d'État, le comble de la sagesse. J'espère donc que l'influence politique des femmes se traduira par une recrudescence considérable des actions engagées pour traiter ces maux à la racine. Je sais que beaucoup d'hommes envisagent avec inquiétude tout surcroît d'activité dans ce sens, car ce serait selon eux signe d'une bienveillance irréfléchie, d'une réglementation juridique peu judicieuse, d'une hausse générale des interventions de l'État. Or il existe des formes d'intervention sages et d'autres qui ne le sont pas; la bienveillance est à bon ou à mauvais escient; et notre époque a tendance à tout confondre. Je suis convaincu que si l'État employait tous les moyens à sa disposition pour élever le niveau de moralité de la société, et même, à certains égards, celui du bien-être physique, il se rendrait compte qu'il a en la matière un pouvoir bien supérieur à celui qu'on lui prête en suivant le goût du jour; et que les gouvernements sont tout aussi coupables aujourd'hui de ne pas utiliser les bons moyens pour réaliser ces objectifs, qu'ils l'étaient hier en en utilisant de mauvais. L'époque est révolue où la tyrannie était un principe de gouvernement ; à l'heure actuelle, les gouvernements pèchent surtout par indolence et par indifférence. Quels que soient leurs scrupules à mal agir, ils n'en ont en général aucun à laisser les choses aller mal, si bien qu'au fil du temps les calamités s'amoncellent sans qu'ils tentent sérieusement de freiner ce mouvement. (*Bravo !*) Un gouvernement exclusivement composé d'hommes est par nature enclin à être facilement content de lui. Mentalement, les hommes sont plus indolents que les femmes, et bien trop prompts à croire qu'ils ont fait tout ce qu'il fallait, ou qu'il est inutile de faire quoi que ce soit. Leur conscience et leurs sentiments ont besoin d'être stimulés, et pour cela il faut l'impulsion plus vive et énergique des femmes. Maintenant, à qui me demanderait s'il est raisonnable, selon moi, de tabler sur cette impulsion féminine pour arrêter la ligne de conduite la plus judicieuse – autrement dit si les femmes sauront faire la distinction entre les bons et les mauvais moyens de combattre les maux de la société, si elles ne sont pas susceptibles de confondre le moyen le plus direct avec le plus efficace – je confesserais volontiers que pour l'affirmer en toute certitude il faudrait que leur éducation politique ait beaucoup progressé. L'objection ne serait toutefois recevable que si nous étions sur le point de priver les hommes du droit de vote et de remettre intégralement le pouvoir entre les mains des femmes. Or, tout ce que nous souhaitons c'est que les hommes et les femmes soient obligées de se concerter. En somme, nous voulons que le navire de l'État ait à la fois du lest et des voiles, et non, comme trop souvent quand la navigation devient périlleuse, du lest mais pas de voiles. (*Rires.*) Il y a peu de risques que l'excès de zèle des femmes ne soit pas compensé par l'excessive prudence des hommes. Ce n'est pas faute de frein mais faute d'aiguillon que la classe politique échoue aujourd'hui à gouverner ; et même compte tenu des déficiences actuelles de leur éducation, les femmes ont toutes les qualités requises pour cette fonction. (*Rires.*) Plus elles seront instruites, plus elles en feront : au lieu de se contenter d'être un stimulus pour les autres, elles deviendront capables d'effectuer toute leur part du travail. Les femmes sont d'ordinaire plus ingénieuses que les hommes ; dans les domaines qui les intéressent vraiment, elles sont plus promptes à trouver les moyens d'atteindre leurs fins ; et c'est surtout vrai des entreprises dont le succès dépend avant tout d'un certain souci du détail. C'est absolument flagrant en ce qui concerne les tentatives de remédier aux maux physiques et moraux de la société. Il y faut de la minutie. Les hommes forment de grands projets, peut-être solides dans leurs principes et rationnels quant à la conception d'ensemble, mais qui, une fois mis à exécution, s'effondrent en raison d'un manque d'efficacité inopiné. Ces projets aboutiraient en bien plus grand nombre si les femmes prenaient part à leur élaboration.

Tels seraient, selon moi, les effets les plus remarquables qu'aurait sur l'action gouvernementale et législative l'admission des femmes à l'exercice partiel des devoirs de la citoyenneté. Ajoutons qu'il faudrait cesser de considérer que les injustices et les désavantages dont elles pâtissent en raison de leur sexe sont trop insignifiants pour mériter que l'on s'efforce sérieusement d'y mettre un terme. Pour ne prendre qu'un exemple parmi tant d'autres, si les femmes votaient, les outrages qui rendent si dangereuse l'obligation dans laquelle elles se trouvent parfois de sortir seules pour aller travailler seraient beaucoup plus sévèrement punis ; car ces outrages n'ont atteint leur niveau actuel qu'en raison du laxisme inexcusable dont font preuve les tribunaux. (*Bravo ! Bravo !*) Si les femmes votaient, nous n'aurions jamais eu les « lois sur les maladies contagieuses[1] », qui

1. Les *Contagious Diseases Acts* sont une série de lois votées entre 1864 et 1867 dans le but, initialement, de lutter contre les maladies

sur le simple soupçon d'un agent de police exposent les épouses et les filles des classes pauvres à d'insupportables brimades; pour les justifier, encore faudrait-il qu'elles soient appliquées en sorte d'avoir une chance d'être efficaces par rapport à leur objet[1]. Et si elles sont un jour supprimées – et non étendues à l'ensemble du pays –, nous le devrons au sens civique et au courage de ces dames, très renommées pour certaines, qui se sont associées en vue d'obtenir leur abrogation[2]; un courage et un sens civique qui, pour être appréciés à leur juste valeur, doivent être

vénériennes dans les villes de garnison. Dans les faits, elles prirent la forme d'une police sanitaire destinée à surveiller les prostituées: toute femme soupçonnée de prostitution devait passer un examen gynécologique, elle était hospitalisée pendant trois mois en cas d'infection et incarcérée si elle refusait de se soumettre au contrôle.

1. Autrement dit, de jouer un rôle prophylactique et non pas répressif.

2. Le 1er janvier 1870, trois mois avant ce discours de Mill, le *Daily News* avait publié un manifeste rédigé par Josephine Butler et signé par 250 femmes pour exiger l'abrogation des lois sur les maladies contagieuses. Elles furent supprimées des années après, en 1886, grâce au combat des ligues féministes et en particulier de la Ladies' National Association, dirigée par Josephine Butler.

mis en regard des attaques impudentes et honteuses lancées contre elles dans certaines publications par des auteurs anonymes. Quant à leurs adversaires plus dignes et honorables, qui estiment que ces dames se trompent et que leur démarche envoie un signal peu encourageant sur la manière dont elles useraient de leur influence politique accrue, je dirais en substance : admettons que les lois en question soient aussi bénéfiques que je les trouve pernicieuses ; admettons que les dames qui s'y opposent ne sont pas mues par une conception raisonnable de la nature de ces lois et de leurs conséquences ; admettons qu'elles sollicitent trop, ou mal, ce sens moral particulier qui, à en croire les hommes qui le leur ont inculqué, serait leur vertu principale et exclusive. Mais alors ? N'est-il pas néfaste que les lois d'un pays répugnent au sens moral de la moitié de la population la plus vertueuse, de l'avis général ? Si cette répugnance est erronée, n'aurait-il pas fallu rectifier l'erreur qui en est à l'origine en se donnant le temps d'en discuter, de l'expliquer, au lieu de laisser les femmes découvrir, des années plus tard, que des lois heurtant leurs sentiments les plus profonds ont été adoptées presque en secret ? Enfin, et cela doit être inscrit parmi les retombées favorables du suffrage féminin, non seulement il permettrait de contrôler ce genre de procédures, mais il obligerait de surcroît le législateur à tenir compte du sens moral des personnes chez qui il est le mieux affirmé, et à le cultiver au lieu de le tenir avec mépris pour quantité négligeable.

Quelques hommes – peu nombreux – d'esprit libéral et bien informés des grands sujets de l'époque, seraient enclins à se montrer justes envers les femmes, mais redoutent que cette extension du droit de vote ait pour effet immédiat d'augmenter considérablement le pouvoir du clergé. Je n'ai jamais nié que quelque chose de ce genre pourrait momentanément se produire si ce droit était accordé aujourd'hui ou demain. Et l'on ne peut guère me soupçonner de minimiser l'objection, dans la mesure où mes opinions et mes sentiments m'amènent à être en désaccord avec la grande majorité du clergé sur quantité de sujets importants. Mais il est pour moi évident que si le clergé exerce un trop fort ascendant sur l'esprit de nombreuses femmes, de la bourgeoisie surtout, c'est parce qu'elles sont soustraites à d'autres influences – celles grâce auxquelles s'éveille l'intelligence humaine et se forment les opinions. On n'a pas encouragé les femmes à lire les livres, à prendre part aux conversations qui leur auraient montré que toutes les opinions professées par le clergé sont en réalité contestées et contestables. Même si on ne les en a pas expressément dissuadées, leur éducation ne les encourage pas à s'intéresser à ces lectures et à ces conversations : elle les incite au contraire à croire que leur rôle est de se ranger aux avis qui leur paraissent les mieux partagés, et que ce n'est pas leur affaire de réfléchir sérieusement aux sujets importants, de se forger leurs opinions en connaissance de cause, en confrontant des points de vue opposés. Dans ces conditions, comment pourraient-elles ne pas subir l'influence de ceux qui ne s'adressent à elles qu'en faisant appel aux sentiments et aux principes qu'on leur a appris à cultiver? Autre chose mérite réflexion: pourquoi les ecclésiastiques sont-ils en général de si piètres conseillers, en politique comme dans la vie courante, y compris lorsque les préjugés liés à leur profession n'interfèrent pas directement? Parce que leur position est par trop semblable à celle des femmes; la façon dont on les traite ressemble par trop à celle dont on traite les femmes: malgré la déférence qu'on leur marque, ils sont tenus à l'écart des échanges libres et d'égal à égal sur les grandes questions pratiques; et ils ont appris à penser que quel que soit le sujet abordé, un seul aspect est de leur ressort: l'aspect moral et religieux, au sens étroit dans lequel ils comprennent ces termes; car, au sens large, toute question mettant en jeu le juste et l'injuste, le bien et le mal, est une question morale et religieuse. Cela ne ressemble-t-il pas de très près à la condition des femmes? Voici donc ce que je dirais à ceux qui redoutent l'influence du clergé sur les esprits féminins: si l'influence des ecclésiastiques excède effectivement celle due à la force de caractère ou à l'étendue de la culture, il faut, pour être juste, admettre qu'ils l'ont honnêtement gagnée. Eux seuls, en tant que classe, se donnent un peu de mal pour pénétrer sous les crânes des femmes; eux seuls sollicitent directement leurs principes et leurs convictions; et ils s'adressent à elles comme à des êtres moralement responsables, c'est-à-dire comme si elles étaient elles-mêmes garantes de leurs âmes et de leurs consciences. Les ecclésiastiques sont les seuls hommes à accorder quelque importance à ce que les femmes pensent ou éprouvent à propos de sujets extérieurs à la sphère domestique. Or, ceux qui respectent les femmes de la sorte méritent d'avoir de l'influence sur elles; et ils continueront d'en avoir plus qu'il n'en faut jusqu'à ce que d'autres hommes se décident à en acquérir en employant les mêmes moyens. Si les frères, les pères et les maris se donnaient autant de mal pour savoir ce qui se passe sous les crânes de ces femmes, s'ils les invitaient à s'intéresser aux sujets qui les intéressent eux-mêmes, comme le font les ecclésiastiques avec les problèmes auxquelles *ils* s'intéressent ; et si, fortes de la responsabilité que confère le droit de vote, les femmes apprenaient ainsi que, s'agissant des questions d'intérêt public, elles ont autant que les hommes le droit et le devoir de se former une opinion intelligente, elles s'apercevraient vite qu'elles sont en la matière plus compétentes et meilleures juges que le clergé ; et il n'y aurait aucun risque qu'elles abandonnent leur pouvoir de décision à leurs éducateurs cléricaux. Tout ce que l'influence du clergé peut avoir d'excessif ou de blessant pour elles serait atténué en proportion de leur participation aux affaires de la vie publique ; il n'en subsisterait que l'aspect salutaire. Ainsi, au lieu de considérer que l'influence du clergé est un obstacle au droit de vote des femmes, je vois dans le vote le moyen le plus efficace d'émanciper les femmes de l'influence trop exclusive du clergé. Et quand bien même ce risque serait beaucoup plus grand qu'il ne l'est en réalité, il serait indigne de prendre prétexte de cette appréhension pour refuser à la moitié de l'espèce humaine un moyen de se protéger nécessaire, et hautement prisé par l'autre moitié. Chaque portion d'humanité est, à sa manière, sujette à l'erreur; et celui qui refuserait à d'autres le droit de vote parce qu'il craint de les voir se tromper trouverait aussi de bonnes raisons de le retirer à tout le monde, sauf à lui-même. La voie la plus sûre ne passe pas par l'exclusion de certains mais par l'admission de tous, en sorte que les erreurs et les excès contraires se neutralisent mutuellement. Parmi tous les gens ayant un jour réclamé le droit de suffrage, ou pour lesquels il fut demandé, en dehors des femmes il n'est personne pour qui il y ait si peu de raisons d'appréhender les conséquences néfastes de son obtention, personne dont l'exclusion soit reconduite sous des prétextes aussi dérisoires et fantasques.

John Stuart Mill conclut en soutenant la résolution suivante:

« Cette assemblée est d'avis que l'extension du droit de vote aux femmes aura pour effet d'aiguiser en elles le sens de leurs devoirs particuliers de citoyennes, et celui de leurs responsabilités générales eu égard au progrès moral de la société tout entière. »

Discours du 12 janvier 1871[1]

S'il est en politique une vérité fondamentale, au fondement de tout gouvernement libre, c'est que lorsqu'une partie de la nation détient à elle seule tout le pouvoir ses intérêts retiennent aussi l'essentiel de l'attention. Cela ne prend pas nécessairement la forme de l'oppression, mais encourage plus simplement la tendance, naturelle au commun des hommes, à estimer que ce qui les touche personnellement a une importance de très loin supérieure à ce qui touche directement autrui. Telle est la raison, profonde et tenace, pour laquelle les femmes ne

1. Discours prononcé par Mill deux ans avant sa mort, au Music Hall d'Edimbourg, lors d'une grande réunion en faveur du droit de vote pour les femmes organisée par la National Society for Women's Suffrage. Cette allocution fut intégralement reproduite dans le volume consacré à cette journée, *Women's suffrage. Great Meeting in Edinburgh in the Music Hall, on 12th January 1871, under the auspices of the Edinburgh branch of the National Society for Women's Suffrage* (Edinbourg, John Greig & Sons, 1871), ainsi que dans le journal *The Scotsman* du 13 janvier 1871.

seront jamais traitées équitablement tant qu'elles n'auront pas le droit de vote. La loi telle qu'elle s'applique est assurément très injuste à leur égard. Supposons cependant que cela change; même alors, dans l'hypothèse où elles n'auraient plus aucun motif de se plaindre de la loi, son *application* laissera à désirer aussi longtemps que les hommes auront seuls le droit de choisir ou de révoquer leurs gouvernants.

Toutes nos réformes constitutionnelles récentes, de même que l'ensemble des principes chers aux réformateurs, se fondent sur l'idée que le droit de vote est un *moyen de protection*. L'expérience prouve que lorsqu'une partie de la société en tient une autre en sujétion, elle ne lui remet pas les moyens habituels de se défendre mais la laisse dépendre de la bonne volonté et du caprice des plus privilégiés; alors, sans aucun doute, les intérêts les plus vitaux de la partie dominée sont traités comme quantité négligeable, quand ils ne sont pas totalement foulés aux pieds.

La manière dont les femmes sont traitées ne fait certainement pas exception à la règle. La loi ne les reconnaît pas comme des égales et ne s'applique pas à elles de la même façon, ce qui ne serait plus possible si elles avaient le droit de vote. Qui plus est, quand les lois sont les mêmes pour elles, elles leur sont *appliquées* différemment. Les officiers de police et les juges des affaires criminelles ne sont pas plus méchants que la moyenne ; on ne les recrute pas sur la foi de leurs travers ; ceux qui les recrutent pensent forcément qu'ils partagent peu ou prou, et plus que cela sans doute, les sentiments moraux du commun des hommes. Pourtant, à quoi assistons-nous ? Un homme qui a affreusement agressé une femme est remis en liberté moyennant des remontrances – surtout si cette femme a la malchance d'être son épouse ; ou bien on lui déclare solennellement qu'au vu de la gravité des faits il doit être sévèrement puni, et on le condamne à quelques semaines ou quelques mois de prison, quand un homme qui a volé des biens d'une valeur de cinq livres passera des *années* derrière les barreaux.

Les hommes, nous explique-t-on, ont de bonnes intentions et c'est assez pour assurer la protection des femmes. Pour l'affirmer, il faut, j'imagine, n'avoir jamais ouvert un rapport de police ou un recueil de jurisprudence. En réalité, si les bonnes intentions des hommes ne protègent pas les femmes rouées de coups jour après jour et laissées entre la vie et la mort, battues à mort, parfois, par leurs gardiens et leurs protecteurs, comment espérer qu'elles leur épargnent des traumatismes moins révoltants pour l'humanité ? La plupart des hommes, dira-t-on, sont incapables d'une brutalité aussi horrible. Peut-être est-ce vrai ; il semble cependant qu'ils soient parfaitement capables de la laisser se perpétrer. Si les femmes maltraitées par leurs maris trouvaient un défenseur en tout homme ayant connaissance de ce qui leur arrive, elles auraient une petite chance de pouvoir être protégées sans l'arme du droit de vote. Mais il n'en va jamais ainsi; les femmes ne sont pas mieux protégées que les esclaves et les serfs jadis, que les nations conquises aujourd'hui. Il est certes beaucoup d'hommes qui ne leur feraient jamais de mal de façon délibérée; il faudra néanmoins que la nature humaine progresse considérablement sur le plan moral, avant que le grand nombre des hommes s'emploient à prévenir ou à redresser les torts infligés par d'autres avec la bénédiction de la loi. Et entre le droit de vote pour les femmes d'un côté, et, de l'autre, un immense progrès moral de la nature humaine, à mon avis le droit de vote sera vraisemblablement obtenu le premier. (*Acclamations.*) Je pourrais me permettre de m'arrêter là; mes arguments parlent d'eux-mêmes. Il existe toute une partie de la population – dont le nombre est estimé à plus de la moitié – envers laquelle la loi et son administration ne remplissent pas leur mission, ne garantissent même pas la protection physique due à tout un chacun; et il se trouve que cette moitié est précisément celle à laquelle on refuse le droit de vote. On passe outre ses intérêts les plus essentiels – pas de propos délibéré, je ne dis pas cela, mais plus simplement parce que la moitié qui gouverne les prend beaucoup moins à cœur que les siens propres. Le remède tombe sous le sens : plaçons les femmes dans une position telle que leurs intérêts coïncident avec ceux des dirigeants. Faisons en sorte que les politiciens trouvent aussi important de réparer les injustices dénoncées par les femmes que celles de toute autre classe largement représentée au Parlement.

Et si l'on avait épuisé tous les arguments à l'appui du droit de vote que revendiquent les femmes, j'ajouterais qu'il n'est pas de revendication plus légitime. (*Acclamations.*) En sus d'être juste, elle est en tout point conforme à la Constitution. L'un des principes admis par la Constitution britannique pose en effet que la représentation politique est coextensive à la fiscalité directe. Pendant longtemps, il est vrai, la pratique n'a pas suivi la théorie ; mais elle a été modifiée en conséquence, dans les municipalités et les quartiers des grandes villes, pour les contribuables de sexe masculin ; en revanche, quand bien même une femme acquitterait les impôts les plus élevés du canton, quand bien même elle aurait plus de sens pratique que quiconque, elle ne votera pas, à aucun scrutin. C'est vraiment comme s'il fallait la punir d'être femme. Elle remplit toutes les conditions qui, selon la loi et la Constitution, donnent voix au chapitre dans les affaires publiques, à une exception près : elle n'est pas née garçon. Ce défaut – auquel, à mon humble avis, elle ne peut rien (*rires*) – lui vaut d'être privée d'un droit aussi important pour elle que pour n'importe quel homme, voire plus important puisque les êtres physiquement plus faibles ont besoin d'être davantage protégés. C'est plus qu'un préjudice, une ignominie. Je veux bien concéder que ceux qui la perpétuent n'en ont généralement pas conscience ; mais ils cèdent ainsi à l'habitude invétérée du deux poids deux mesures, en appliquant une règle à tout ce qui concerne les femmes, et une autre à ce qui est d'un autre domaine.

Les hommes sont tellement accoutumés à considérer que les femmes ne sont que cela, des femmes, qu'ils oublient de voir en elles des êtres humains. (*Bravo! Bravo!*) Ce n'est pas seulement pour leur propre bien que les femmes devraient avoir le droit de vote, mais pour le bien de tous. C'est dans notre intérêt à tous, hommes et femmes, et dans l'intérêt de celles et ceux qui viendront après nous. Bien des raisons plaident dans ce sens, mais je me contenterai d'en citer deux. La première, qui est aussi la plus forte, correspond à cet argument que l'on nous présente parfois, sans y réfléchir, pour appuyer la cause inverse – les femmes ont déjà un pouvoir considérable. (*Rires.*) Il est vrai qu'elles en ont beaucoup. Elles ont celui que leur confère l'influence qu'elles exercent sur les hommes. Elles ont le pouvoir des cajoleries (*rires*) – elles ont souvent celui de la favorite choyée ; un pouvoir tristement impropre à les protéger comme il le faudrait et comme le voudrait la justice, mais qui, à l'occasion, suffit à produire un effet retentissant sur le comportement public des hommes avec qui elles sont liées. Dans la mesure cependant où ce pouvoir, au lieu de se manifester ouvertement, reste indirect et n'est pas reconnu, personne n'a songé à prendre des dispositions pour qu'il soit utilisé à bon escient. Et comme, par convention, on ne prête aux femmes aucun pouvoir en dehors de la sphère domestique, elles exercent celui qu'elles possèdent, et qui sera toujours le leur, sans avoir acquis les connaissances nécessaires et sans comprendre la responsabilité qu'il confère.

Une fois décrété que la femme n'a pas à se mêler de la chose publique, on prend soin d'écarter de ses pensées tout ce qui pourrait l'instruire à ce sujet et on lui apprend à ne pas du tout s'en soucier – du moins tant que n'entre en jeu aucun intérêt privé, aucune préférence ou aversion particulière, sentiments personnels qui bien sûr s'expriment à leur façon puisqu'ils ne sont pas contrôlés par les grands principes publics ou les convictions rationnelles. Le pouvoir dont disposent actuellement les femmes dans la sphère publique est donc un pouvoir sans savoir. Et c'est également un pouvoir dont l'exercice est irresponsable. L'épouse est très fréquemment la véritable inspiratrice de son mari, celle qui lui souffle ses actions les plus nobles et les plus belles, comme les plus folles et les plus égoïstes ; mais de même qu'elle n'est jamais créditée des premières, elle n'est pas non plus tenue responsable des secondes. Celle qui est mue par l'égoïsme parvient avec de petits artifices à se soustraire aux critiques, tout en réussissant à orienter le cours des choses pour parvenir à ses fins ; celle qui se propose simplement de bien faire ne se sent pas obligée de se forger raisonnablement une opinion sur les responsabilités exclusivement masculines, alors que ses préoccupations incultes et ses partis pris naturels risquent d'infléchir de la manière la plus pernicieuse le jugement plus avisé de son mari. De ce manque d'instruction conjugué à une absence de responsabilité, il s'ensuit que les femmes, pourtant reconnues en règle générale comme plus consciencieuses que les hommes, ne sont qu'une toute petite poignée à avoir développé un tant soit peu ce qui mérite le nom de conscience publique. Point n'est besoin de démontrer à quel point c'est dommageable. Quel est le plus grand obstacle auquel se heurtent les amis du progrès politique et social, le frein qui contrarie constamment leurs efforts et déçoit leurs espoirs ? N'est-ce pas précisément la mollesse de la conscience politique du citoyen moyen ? Le danger particulier et l'échec qui menacent les institutions populaires ne viennent-ils pas de ce que l'électeur, ne se sentant pas suffisamment d'obligations vis-à-vis de la chose publique, ou bien ne se rend pas aux urnes, ou bien vote pour servir des intérêts particuliers ? Comment espérer qu'il apprenne à privilégier l'intérêt public sur ses intérêts privés s'il a à ses côtés, dans la personne de sa plus proche confidente, une femme éduquée pour ne pas avoir la moindre idée des devoirs politiques incombant aux hommes, mais ayant des idées très précises sur les devoirs familiaux de cet homme, et qui, même sans le vouloir, a sur lui une emprise assez forte pour l'amener à veiller sur les seuls intérêts qu'elle est à même de comprendre et d'apprécier ? (*Applaudissements.*) Or, il ne faut pas oublier que cela va de mal en pis. Il fut un temps où l'épouse n'était pas aussi une compagne, ou à peine ; où mari et femme vivaient chacun de leur côté : le premier passait ses heures de loisir, de détente, en compagnie d'autres hommes. De nos jours, le foyer, la maisonnée ont pour lui tellement d'importance qu'ils l'emportent bien souvent sur toute autre influence extérieure. Si nous voulons que nos hommes fassent preuve de vertu civique, il est donc temps de l'insuffler également à nos femmes. (*Ovation nourrie.*) Et comment une femme pourrait-elle se forger en conscience une idée du bien public si on la persuade et si elle croit que ce n'est nullement son affaire ? Donnons aux femmes les mêmes droits qu'aux hommes, et elles auront les mêmes obligations. Au lieu de grever d'un poids mort la conscience civique des hommes, leur réceptivité particulière aux sentiments moraux fera de leur influence habituelle un précieux auxiliaire de l'accomplissement des devoirs civiques. (*Salve d'applaudissements.*) Voilà donc, entre autres, pourquoi c'est pour le bien de *tous* que les femmes devraient se voir reconnaître le droit de participer aux affaires publiques. Une autre raison tient à l'énorme gaspillage de capacités intellectuelles et de talents pratiques qui ne trouvent pas à s'employer dans les vastes domaines d'utilité publique – domaines où personne, je suppose, n'oserait prétendre que de telles qualités ne sont pas éminemment souhaitables. Je doute que beaucoup d'hommes prennent suffisamment en compte l'étendue des capacités d'administratrices des femmes, faute de considérer que les qualités essentielles en jeu dans la réussite pratique sont les mêmes pour les choses jugées insignifiantes et les projets de grande envergure.

Je suis convaincu que, dans tous les aspects de la vie qui exigent de la vigilance et une appréhension précise des détails, les femmes, lorsqu'elles possèdent les connaissances particulières voulues, sont meilleures administratrices que les hommes. Et je ne parle pas ici des femmes telles qu'elles pourraient être, telles qu'elles seraient sans doute si elles étaient mieux instruites, mais des femmes telles qu'elles sont aujourd'hui, avec les capacités dont elles font déjà preuve. S'il faut donner un exemple de ce que leurs qualités d'organisatrices peuvent accomplir dans la sphère publique, je citerai l'un de ceux qui ont le plus marqué les temps modernes : la *Commission sanitaire* mise en place lors de la récente guerre civile américaine[1]. L'histoire de cette Commission

1. La United States Sanitary Commission fut créée en 1861, dans les premiers mois de la guerre de Sécession, à l'initiative de la Women's Association Relief, une association féminine dirigée par Elizabeth Blackwell, première femme diplômée de médecine aux États-Unis. Approuvée en juin par une loi fédérale, cette organisation humanitaire privée, dirigée par un bureau exclusivement masculin et fonctionnant avec les fonds levés par ses soins, enquêtait sur les conditions sanitaires des troupes de l'Union, distribuait secours et matériel médical dans les campements et les hôpitaux de campagne, et mettait ses médecins à leur disposition. Soutenue par des milliers de civils de l'arrière, la « Sanitary » effectua un travail considérable,

mériterait d'être aussi connue dans le reste du monde qu'en Amérique. Dès le départ et continûment par la suite, ce fut l'œuvre des femmes. Ce sont des femmes qui se sont employées à la mettre sur pied, à l'organiser. Le gouvernement s'en montra d'abord jaloux, mais les dispositions qu'il avait prises s'avérant désespérément inférieures aux besoins, il fut bientôt fort aise de lui céder la première place. Non seulement ce type de travail n'avait jamais été aussi bien réalisé, mais jamais personne n'avait envisagé qu'il fût possible de s'en charger aussi bien. J'ai conscience que cet argument risque de nous entraîner très loin du droit de vote ; mais sans doute m'accordera-t-on que les personnes dotées de compétences pratiques inégalables sont en mesure de participer au choix de ceux à qui est confiée la pratique des affaires. La faculté que

---

très au-delà du rôle consultatif qui lui avait été assigné au départ. Ses méthodes, fondées sur l'inspection et la statistique, ont imposé un nouveau modèle sanitaire associant la prévention et l'hygiène à l'organisation logistique des secours.

l'exercice du droit de vote requiert tout particulièrement – et qui touche au choix des individus les plus capables d'accomplir le travail qu'il s'agit de mener à bien – est une des conditions que les femmes ont toujours remplies à la perfection pour ce qui est de la conduite des affaires. C'est dans le choix de leurs ministres que les grandes reines manifestent le mieux leur grandeur. Lorsque les dames de la Commission sanitaire ont requis le concours des hommes, elles savaient qui solliciter et pour quelles tâches ; ainsi ne se distinguèrent-elles pas moins par le travail effectué à leur initiative, que par celui dont elles se chargèrent en personne. (*Applaudissements.*) Ce sont là quelques-unes des raisons pour lesquelles il est à la fois légitime et utile d'étendre le droit de vote aux femmes. En même temps, il faut garder à l'esprit que leur reconnaître ce droit ne préjuge en rien des réponses à apporter aux questions posées par ailleurs.

D'aucuns affirment volontiers que les femmes n'ont pas matière à récriminer et que la grande majorité d'entre elles ne désirent aucun changement. Admettons que ce soit vrai. Dans ce cas, leur conférer le droit de vote ne causerait de tort à personne et leur donnerait l'occasion de montrer qu'elles sont sans conteste parfaitement satisfaites de leur sort. (*Applaudissements.*)

Si ce que l'on nous dit par ailleurs est vrai, à savoir que sur les plans domestique et social les femmes devraient être, et donc doivent être et seront toujours, dans un rapport de subordination aux hommes, elles ont d'autant plus besoin du droit de vote, de telle sorte que l'exercice de la souveraineté masculine soit assorti de responsabilités. Nul n'a plus besoin de protection politique que les personnes en état de dépendance dans la vie privée, car nul n'est aussi vulnérable à l'injustice. Par conséquent, dans tous les cas de figure il est légitime qu'elles réclament le droit de vote. Du reste, à notre époque marquée par le développement humain il n'est plus possible de tout le temps surseoir aux justes exigences formulées par des groupes numériquement importants.

Le mouvement qui porte la société moderne depuis le Moyen Âge, et qui s'est nettement accéléré en notre XIXe siècle, va dans le sens de l'émancipation politique des femmes. Leur exclusion est un des derniers vestiges du déplorable état social qui prévalait jadis, sous le régime des privilèges et des incapacités. Tous les autres monopoles qui subsistent encore sont en passe de disparaître. L'esprit du temps s'oppose à ce que la loi décrète d'emblée que tel groupe a de naissance la capacité de détenir ou de faire ce qu'un autre groupe se verra systématiquement interdit, quels que soient les efforts qu'il déploie et même s'il a des capacités supérieures. (*Applaudissements.*)

Si la nature a établi entre les capacités et les qualifications des deux sexes une différence indéracinable, insurmontable, la nature saura s'en occuper. On peut tranquillement lui abandonner ses décisions. En revanche, lorsque des gens confient sur un ton chagrin leur crainte de voir les desseins de la nature contrariés si la loi ne vient pas à son secours, il est sûr que ce dont ils s'inquiètent n'est pas la nature mais la loi affublée en nature. Les prétentions de ce genre sont de plus en plus fâcheuses, compte tenu des progrès croissants de l'espèce humaine.

J'ignore combien de temps il faudra pour balayer une bonne fois pour toutes les incapacités juridiques qui frappent les femmes. Les habitudes et les opinions ne changent que lentement. Mais j'ai la certitude que lorsque nous nous en serons débarrassés, quand leur aspect véritable ne se dissimulera plus sous le vernis de la coutume et de l'habitude, elles apparaîtront rétrospectivement si privées de fondement rationnel et si contraires aux principes dont la société proclame qu'ils lui servent de guides, que la difficulté sera alors de concevoir comment il a été possible de les justifier, et quels arguments ont pu être avancés pour les rendre seulement plausibles. (*Acclamations bruyantes.*) La résolution que je vous soumets déclare :

« La propriété de la terre ou d'un bien immobilier, ou leur occupation, étant, dans ce pays, les critères de la représentation politique, il est par principe injuste de faire du sexe un motif de disqualification et d'exclure ainsi un grand nombre de personnes intelligentes parfaitement qualifiées pour exercer le droit de suffrage ; les élections des conseils scolaires organisées récemment en Angleterre ont prouvé que les femmes étaient désireuses d'exercer ce droit, et que cela ne les dérangeait nullement. » (*Acclamations bruyantes et prolongées.*)

Références bibliographiques sur le féminisme de Mill

ANNAS Julia, 1977. « Mill and the subjection of women », *Philosophy*, vol. 52, n° 200, p. 179-194.

BHANDARY Asha, 2016. « A millian concept of care : what Mill's defense of the common arrangement can teach us about care », *Social Theory and Practice*, vol. 42, n° 1, p. 155-182.

BIJON Béatrice & DELAYE Claire (dir.), 2017. *Suffragistes et suffragettes : la conquête du droit de vote des femmes au Royaume-Uni et aux États-Unis*. Lyon, ENS Éditions (« Les fondamentaux du féminisme anglo-saxon »), 380 p.

BURGESS-JACKSON Keith, 1995. « John Stuart Mill, radical feminist », *Social Theory and Practice*, vol. 21, n° 3, p. 369-396.

CACHIN Marie-Françoise, 2005. « Postface » à la 2e édition de *L'asservissement des femmes*. Paris, Payot, 224 p.

DONNER Wendy, 1993. « John Stuart Mill's liberal feminism », *Philosophical Studies*, vol. 69, n° 2/3, p. 155-166.

DOWNING Francis Gerald, 1994. « A cynical response to the subjection of women », *Philosophy*, vol. 69, n° 268, p. 229-230.

GERSON Gal, 2002. « Liberal feminism : Individuality and oppositions in Wollstonecraft and Mill », *Political Studies*, vol. 50, n° 4, p. 794-810.

GOLDSTEIN Leslie, 1980. « Mill, Marx, and women's liberation », *Journal of the History of Philosophy*, vol. 18, n° 3, p. 319-334.

HOWES John, 1986. « Mill on women and human development », *Australasian Journal of Philosophy*, vol. 64 (suppl.), p. 66-74.

KROUSE Richard W., 1982. « Patriarchal liberalism and beyond : From John Stuart Mill to Harriet Taylor », dans Jean Bethke Elshtain (dir.), *The family in political thought*. Amherst, The University of Massachusetts Press, p. 145-172.

LIDDINGTON Jill & NORRIS Jill, 2018. *Histoire des suffragistes radicales*. Trad. Laurent Bury. Paris, Libertalia, (« Ceux D'en Bas »), 360 p.

LYNDON SHANLEY Mary, 1981. « Marital slavery and friendship. John Stuart Mill's *The subjection of women* », *Political Theory*, vol. 9, n° 2, p. 229-247.

MANN Hollie & SPINNER-HALEV Jeff, 2010. « John Stuart Mill's feminism : On progress, the State, and the path to justice », *Polity*, vol. 42, n° 2, p. 244-270.

MCGLYNN Clare & WARD Ian, 2014. « Would John Stuart Mill have regulated pornography ? », *Journal of Law and Society*, vol. 41, n° 4, p. 500-522.

MENDUS Susan, 1994. « John Stuart Mill and Harriet Taylor on women and marriage », *Utilitas*, vol. 6, n° 2, p. 287-299.

MILL John Stuart, 1975, 2005 [1869]. *L'asservissement des femmes*. Traduit par Marie-Françoise Cachin. Paris, Payot et Rivages, 220 p.

— 1990 [1859]. *De la liberté*. Traduit par Laurence Lenglet. Paris, Gallimard (« Folio Essais »), 256 p..

— 1993 [1873]. *Autobiographie*. Traduit par Guillaume Villeneuve. Paris, Aubier, « Domaine anglais », 261 p.

MONACELLI Martine & PRUM Michel (dir.), 2010. *Ces hommes qui épousèrent la cause des femmes. Dix pionniers britanniques*. Paris, Les Éditions de l'Atelier/Éditions ouvrières, 224 p.

MOLLER OKIN Susan, 1979. «John Stuart Mill, liberal feminist», *Women in Western political thought*. Princeton, Princeton University Press, chap. 9, p. 197-230.

NAYFELD Nicolas, 2017. «Le féminisme de Mill: liberal ou utilitariste? Réflexions à partir de "L'asservissement des femmes reconsidéré".» Communication lors de la journée d'études «Décoloniser le féminisme», Université Paris 1, 18 mai 2017 (non publiée).

ORAZI Françoise, 2014. *John Stuart Mill et Harriett Taylor. Écrits sur l'égalité des sexes*. Lyon, ENS Éditions, 252 p.

RING Jennifer, 1985. «Mill's The subjection of women: The methodological limits of liberal feminism». *The Review of Politics*, vol. 47, n° 1, p. 27-44.

SCHWEITZER Sylvie, 2005. «Préface» à la 2e édition de *L'asservissement des femmes*. Paris, Payot, 220 p.

SKIPPER Robert, 1993. «Mill and pornography», *Ethics*, vol. 103, n° 4, p. 726-730.

SMITH Elizabeth S., 2001. «John Stuart Mill's *The subjection of women*: A re-examination», *Polity*, vol. 34, n° 2, p. 181-203.

STAFFORD W., 2004. «Is Mill's "liberal" feminism "masculinist"?», *Journal of Political Ideologies*, vol. 9, n° 2, p. 159-179.

STOVE David, 1993. «The subjection of John Stuart Mill», *Philosophy*, vol. 68, n° 263, p. 5-13.

TAPPER Marion, 1986. «Can a feminist be a liberal?», *Australasian Journal of Philosophy*, vol. 64 (suppl.), p. 37-47.

TAYLOR Harriet, 2014 [1869]. «L'affranchissement des femmes», dans John Stuart Mill & Harriet Taylor. *Écrits sur l'égalité des sexes*. Textes traduits et présentés par Françoise Orazi. Lyon, ENS Éditions, p. 139-167.

THOMSON Dennis F., 1997. «Mill in Parliament. When should a philosopher compromise?», dans Nadia Urbinati & Alex Zakaras (dir.), *John Stuart Mill's political thought*. Cambridge University Press, p. 166-199.

TULLOCH Gail, 1989. «Mill's epistemology in practice in his liberal feminism», *Educational Philosophy and Theory*, vol. 21, n° 2, p. 32-39.

URBINATI Nadia, 1991. «John Stuart Mill on androgyny and ideal marriage», *Political Theory*, vol. 19, n° 4, p. 626-648.

Vernon Richard, 1996. «John Stuart Mill and pornography: beyond the harm principle», *Ethics*, vol. 106, n° 3, p. 621-632.

Sommaire